Michel Capron

LA COMPTABILITÉ EN PERSPECTIVE

Éditions La Découverte
9 *bis*, rue Abel-Hovelacque,
75013 Paris
1993

Si vous désirez être tenu régulièrement informé de nos parutions, il vous suffit d'envoyer vos nom et adresse aux Éditions La Découverte, 9 *bis*, rue Abel-Hovelacque, 75013 Paris. Vous recevrez gratuitement notre bulletin trimestriel **A la Découverte**.

ISBN 2-7071-2206-8

Introduction

Tout le monde compte... Que ce soit pour faire le point en fin de mois sur les revenus et les dépenses, que ce soit pour établir un budget de vacances ou prévoir le financement de l'achat d'une voiture ou d'un logement.

Ces opérations relativement simples, dont l'origine remonte aux débuts des civilisations, font partie intégrante de la vie quotidienne ; avec le développement des rapports marchands, elles ont engendré peu à peu un système complexe de codes, de normes et de règlements et entraîné la formation d'un corps de spécialistes, détachés de l'activité productive, ayant pour unique fonction de gérer cette complexité, d'effectuer les calculs et d'en remettre les résultats.

Bien que le terme *compter* ait pour origine latine *computare* (calculer), la comptabilité se distingue du calcul et plus encore du dénombrement et du comptage. Si le dénombrement est une simple opération consistant à énoncer en comptant, le comptage est une action un peu plus compliquée visant à évaluer une quantité, généralement à l'aide de chiffres (mais parfois aussi sans chiffres). La comptabilité est qualitativement supérieure au comptage parce qu'elle met en œuvre un ensemble de comptes établis et tenus selon des règles. Elle est donc un système d'information obéissant à des conventions et des normes socialement définies et ne peut exister et se développer que dans des sociétés humaines complexes ayant atteint un assez haut degré d'organisation.

Son instrument de base, le compte, est aussi un fait social et culturel. Dans l'idée de compte se trouve présent le rapport des hommes entre eux, dans leur relation aux choses, avec tout ce que cela recouvre de rivalités potentielles pour en obtenir la possession. Le compte est tout à la fois objet et reflet de ces enjeux, conflits, réussites, échecs, satisfactions, déceptions et... mécomptes qui constituent la trame du quotidien commercial. Il exprime la sanction ou la conclusion apportée à la problématique de la relation, ainsi que la réponse aux besoins de la connaissance, à un moment donné, de l'état de cette relation. Nous en prendrons pour preuve les expressions familières dans lesquelles s'est glissé le mot « compte » ; des formules telles que « régler un compte », « donner son compte » expriment la résolution d'une opposition entre deux parties antagonistes.

La comptabilité dont on dit souvent qu'elle a pour vocation la représentation de la réalité (de l'entreprise) peut être rapprochée de l'art théâtral : elle présente, en effet, le résultat du jeu des rapports de force s'exerçant sur la scène économique que constitue l'entreprise. Mais à la différence du théâtre, où les spectateurs ne sont pas dupes de la comédie des acteurs, la comptabilité souffre de l'ambiguïté de sa condition ; on la prend trop au sérieux, alors qu'avec ses masques et ses ombres, elle donne, elle aussi, une image plus ou moins caricaturale du réel. Son message doit aussi être décodé par ses utilisateurs qui ne sont pas nécessairement préparés à cet exercice.

Nous n'avons pas eu pour ambition de traiter toutes les formes de comptabilités existantes ; nous avons centré nos propos sur la comptabilité privée d'entreprise qui a constitué peu ou prou la matrice ou la référence des formes comptables apparues plus récemment (comptabilité nationale, comptabilité sociale, comptabilité publique, comptes de surplus, etc.). Enfin, bien que l'exemple français ait été systématiquement privilégié, nous nous sommes efforcés de fournir, de façon ponctuelle, le maximum d'indications sur les systèmes des autres pays.

La première partie de cet ouvrage s'efforce de montrer, à travers quelques éléments d'histoire et de géopolitique comptables, l'universalité des besoins et la spécificité des solutions apportées selon les époques et les systèmes économiques. La deuxième partie présente les fondements techniques de la comptabilité d'entreprise, en mettant l'accent sur la façon dont elle est élaborée. Enfin, parce qu'il s'agit d'une technique aux finalités sociales profondes, la troisième partie interroge la comptabilité sur la pertinence et la fiabilité de ses réponses face aux attentes de ses multiples utilisateurs.

Première partie

Histoire et géopolitique comptables

La comptabilité, telle qu'elle se présente à nous aujourd'hui, est le fruit d'un long processus historique et non le résultat d'une volonté délibérée des agents économiques ou le produit des lumières de quelques scientifiques avertis. Peut-on d'ailleurs parler d'*une* comptabilité, dont les principes seraient universels, lorsqu'on constate la grande diversité des conventions qui, à notre époque d'internationalisation des phénomènes économiques, caractérise encore les systèmes comptables nationaux ? Mais l'harmonisation internationale se profile nettement à l'horizon et elle est déjà l'enjeu d'une farouche compétition entre les différentes conceptions dominantes qui s'opposent actuellement dans le monde.

I / La comptabilité est une histoire

1. Du comptage préhistorique aux banques antiques

Les découvertes des archéologues permettent aujourd'hui d'affirmer que les rudiments de la comptabilité remontent à plusieurs milliers d'années avant notre ère. Les plus anciennes traces de comptage figurent sur des os d'animaux, dont un radius de loup, vieux de plus de vingt mille ans, comportant cinquante-cinq encoches réparties en deux séries. Il constitue probablement la plus ancienne « machine à compter » connue : chaque fois que le chasseur tuait un gibier, il entaillait l'os d'un cran. Les multiples encoches, sous forme de traits verticaux, retrouvées sur les parois des grottes préhistoriques témoignent également du besoin que l'être humain a éprouvé très tôt de compter. Avant que le nombre ne devienne une conception abstraite, l'utilisation des cailloux a été très répandue et a donné naissance au mot calcul (du latin *calculus :* petit caillou). Durant l'Antiquité, les Grecs, les Perses se servaient de ficelles ; les Incas nouaient toujours, au moment de la conquête espagnole, des cordelettes de différentes couleurs, désignant la nature des biens dénombrés ; l'ensemble de ces cordelettes constituait des registres comptables et statistiques.

Les bergers ont longtemps compté leurs têtes de troupeaux en gravant des traits verticaux sur des planchettes de bois : cette pratique a laissé des traces jusqu'au XXe siècle, notamment en France chez certains boulangers qui utilisaient cette méthode pour vendre le pain à crédit.

Les cailloux ont laissé la place à des objets en terre crue, de tailles et de formes différentes, chacun représentant conventionnellement un ordre d'unité d'un système de numérotation. Certaines pratiques consistaient à enfermer ces objets dans des bulles-enveloppes (sachets en argile sphériques ou ovoïdes), sur lesquelles pouvaient figurer des inscriptions numérales. Au IVe millénaire avant notre ère, en basse Mésopotamie, une brillante civilisation, celle des Sumériens, utilisa des tablettes d'argile crue rectangulaires pour y tracer à la pointe des dessins représentant des êtres et des objets. Ces signes permettaient d'effectuer des inventaires d'entrepôts et, l'argile une fois séchée, d'en garder la mémoire. La transformation des signes utilisés, sous l'effet d'un changement du stylet qui gravait l'argile, donna progressivement naissance à l'écriture cunéiforme. Presque simultanément, le même phénomène conduisit, dans l'Égypte pharaonique, aux hiéroglyphes, puis à l'écriture hiératique, cursive, que les scribes transcrivaient sur des papyrus. En liant leur sort à l'écriture, les premiers systèmes comptables offraient la possibilité à l'humanité d'accéder du langage à la durée.

Vers 1750 avant notre ère, Hammurabi, monarque de Babylone, fit graver sur un bloc de diorite (exposé au musée du Louvre) le plus ancien recueil de lois commerciales et sociales connu, imposant notamment l'obligation légale de l'enregistrement, en forme de comptes, de certaines transactions (par exemple, le contrat de commission). Étant donné l'intense activité commerciale de cette région à cette époque, l'utilisation des lettres de crédit nécessitait des techniques comptables appropriées et en particulier des comptes récapitulatifs. Toute la vie publique et privée se déroulait sous l'égide des temples, et ce sont eux qui constituaient les centres de tenue comptable. Ils resteront très longtemps le lieu privilégié des échanges et deviendront, dans la Grèce ancienne, les premières banques de dépôts, réunissant pratiquement tous les éléments de la technique financière moderne, y compris les chèques et les virements directs de compte à compte. Les premiers banquiers, qui étaient généralement des changeurs de monnaie, tenaient un livre-journal ou *ephemerides* détaillant les opérations quotidiennes. C'est ainsi que les recettes et dépenses étaient inscrites les unes en dessous des autres dans un ordre chronologique donnant lieu à un jeu d'additions et de soustractions. Il existait également des comptes synthétiques résumant les opérations au cours d'une période donnée. Les registres de ces banques avaient une valeur probatoire reconnue de tous.

Les livres comptables des Romains dont il nous reste de nombreuses traces portaient le nom de *calendaria*. Très précis et méticuleux, les banquiers romains perfectionnèrent la technique comptable en ouvrant des comptes de tiers et appelèrent *adversaria* le journal du premier enregistrement. On leur doit l'idée, bien qu'il ne s'agisse pas encore de comptabilité en partie double, de faire deux colonnes dans les livres de caisse, afin de séparer les encaissements et les sorties de fonds, avec les intitulés *acceptum* (crédit) et *expensum* (débit).

2. La partie simple au Moyen Age

L'évolution de la technique comptable est liée à l'évolution des échanges commerciaux. Après la chute de l'Empire romain et l'arrivée des Barbares en Europe, les aires de commerce se restreignent tandis que se développe l'économie domaniale aux contours plus fermés. On retient généralement de cette époque que la comptabilité a stagné, mais cette idée provient peut-être aussi de ce que, du Haut-Moyen Age, aucun compte ne nous est parvenu.

Au Moyen Age, peu de gens savent écrire et les livres de comptes, lorsqu'ils existent, ont surtout pour but de conserver une mémoire des opérations commerciales, d'où le nom qui leur est attribué : « mémoriaux ». Dans leur forme primitive, les écritures dans un mémorial se suivent dans un ordre chronologique, sans classification, et se limitent à un enregistrement des créances et des dettes. Mais d'autres mémoriaux plus évolués retracent des opérations de caisse et même des inventaires. Les moines dans les abbayes jouent un rôle essentiel dans la tenue de ces documents.

Néanmoins, la période des croisades (1096-1251) fut propice à l'extension du crédit et à la prospérité d'ordres militaro-religieux, comme les Templiers, véritables puissances économiques et financières internationales. Leurs monastères devinrent des forteresses, où les valeurs étaient en sécurité, et des établissements de crédit : les Templiers devaient tenir un compte exact de leurs recettes et de leurs dépenses et pouvoir justifier de la gestion des biens à la moindre requête. Les comptes des clients étaient tenus d'une manière identique à celle des comptes de banque aujourd'hui. Innovation importante : ils prirent l'habitude d'arrêter les comptes périodiquement, trois fois par an, au moment des échéances des fermages, et de reporter à chaque échéance le solde de l'arrêté précédent. Il s'agissait là d'un véritable compte courant ; au débit figurent les sommes dues par le client ; au crédit, ses versements, le solde seul étant dû. Les écritures étaient enregistrées chaque jour dans un journal, puis reportées dans des grands livres.

Le mémorial évolua vers la comptabilité en partie simple lorsque les commerçants eurent à enregistrer à part certains comptes de correspondants, et à ouvrir des comptes de valeurs, tels que les comptes de marchandises, et non plus seulement des comptes de personnes. Les plus anciens comptes connus (vers 1100) sont tenus sur une seule colonne (disposition dénommée « à sections superposées »), ce qui avait l'avantage d'économiser le parchemin. Par la suite, on trouve de nombreux comptes simples avec deux colonnes (disposition dite « à la vénitienne ») qui constituent, malgré un coût supérieur en parchemin, un progrès matériel important et une clarification répondant à la fois à la complexification des transactions et aux exigences des clients.

3. Naissance et genèse de la partie double

Les historiens de la comptabilité se sont longuement disputés, et se disputent encore, sur les origines et les conditions d'apparition de la comptabilité en partie double. Il est vrai que, faute de preuves écrites irréfutables, on ne sait pas exactement à quelle époque remontent les premiers livres comptables de ce type et les raisons de leur développement restent encore assez mystérieuses. Après avoir pensé que le principe de la partie double provenait de recherches mathématiques, on considère aujourd'hui qu'elle est le produit d'une évolution progressive de la pratique quotidienne des affaires et qu'elle découle assez naturellement de la partie simple.

En effet, à la fin du Moyen Age, le développement des rapports marchands entre les villes italiennes, dans le bassin méditerranéen et entre l'Orient et l'Occident, induit une extension du crédit dans un monde qui a pour centres Venise et Florence au XIIIe siècle, puis Gênes au XIVe siècle. Les négociants, les armateurs et les banquiers qui opèrent souvent très loin de leurs villes d'origine manipulent des capitaux de plus en plus importants, recourent à des associés et à des mandataires et ont besoin d'ordre dans la tenue de leurs affaires. Il se forme alors des sociétés commerciales qui préfigurent les sociétés par actions et constituent l'ossature du capitalisme naissant. La comptabilité doit donc adapter et perfectionner ses méthodes pour répondre aux nouvelles exigences de l'activité économique.

Dès la fin du XIIIe siècle, les comptables vénitiens et florentins tiennent un compte par client et par fournisseur, sur lequel ils enregistrent le « doit » (synonyme de débit) et l'« avoir » (synonyme de crédit) de chacun d'eux. Chaque opération requiert deux écritures : l'une sur le compte de tiers, l'autre sur le compte de caisse, et nécessite la tenue de livres différents. Parallèlement, les commerçants et les premiers « entrepreneurs » éprouvent le besoin d'évaluer les mouvements de leur patrimoine (par exemple, la cargaison d'un navire avant et après l'expédition).

A l'époque du *Quattrocento* (Renaissance italienne) apparaissent des comptes de « pertes et profits » (peut-être déjà utilisés par les Templiers) qui permettent d'avoir une vision nette des éléments du patrimoine et de leur variation. Pour cela, il fallait grouper les éléments de même nature dans des comptes distincts. On comprit alors que toute modification de la consistance ou de la valeur du patrimoine avait nécessairement un point de départ et un point d'arrivée. Par conséquent, il fallait recourir à deux comptes séparés. En outre, l'application aux comptes de caisse des méthodes utilisées pour les comptes de tiers supposait des modifications importantes de la codification. D'après Jean Fourastié*, on aurait là l'origine de l'inversion des signes traditionnels des comptes de caisse : l'application de la règle de l'écriture double de signe contraire obligeait, à partir du moment où l'on créditait le compte du tiers (en cas de recette), à débiter la caisse pour enregistrer la recette (ce qui paraît toujours étonnant aux non-initiés). D'autres historiens de la comptabilité, tels que Joseph H. Vlaemminck, ont contesté cette hypothèse en faisant valoir que cette inversion n'était pas le résultat d'une recherche technique, mais d'une évolution de la technique d'enregistrement du patrimoine permettant de faire apparaître les droits de propriété des associés de l'entreprise sur les composantes de son patrimoine.

Quoi qu'il en soit, la comptabilité en partie double est née : si l'on en retient la définition donnée par Pierre Garnier, elle se distingue d'une simple tenue des comptes en deux colonnes par deux éléments caractéristiques : une dualité d'inscription dans les comptes (chaque écriture a nécessairement sa contrepartie) et un jeu complet de comptes (personnes, valeurs, débours, résultats et capital).

La pratique de la partie double apparaît bien antérieurement au premier traité de littérature comptable qui l'a formalisée et systématisée. On doit le premier énoncé clair de ses principes fondamentaux à un moine franciscain, natif de Toscane, Luca Pacioli. Mathématicien renommé, et ami de Léonard de Vinci, il publia, à Venise, en 1494 une *Summa di Arithmetica, Geometrica, proportioni et proportionnalita*, encyclopédie de mathématiques qui contient, outre une sorte de répertoire des coutumes commerciales, une partie relative à la tenue des comptes, exposée en trente-six chapitres et intégrée dans l'arithmétique. Pacioli y parle de trois livres : le mémorial, le journal et le grand livre, mais pas du bilan. Il expose notamment la manière de reporter les écritures du

---

* Voir la bibliographie en fin d'ouvrage.

journal au grand livre et démontre clairement la technique de la partie double et le résultat mathématique de la constante égalité des « parties ».

Si Luca Pacioli n'est pas l'inventeur de la comptabilité en partie double, il en a été le promoteur et le vulgarisateur, mais son œuvre ne sera redécouverte en Italie que dans les années 1870, à l'époque de l'unification politique de la péninsule. Il faut ajouter que la partie double n'aurait pu prendre corps, dès les XIVe et XVe siècles, sans le support d'un facteur important : la diffusion en Europe du calcul écrit au moyen des chiffres indo-arabes, dont les formes sont définitivement rationalisées et fixées au XIVe siècle, ce qui permet de substituer à la lourdeur des chiffres romains une considérable souplesse dans les calculs et la tenue des comptes.

4. Partie double et capitalisme

Les historiens se sont également affrontés sur le point de savoir si la comptabilité en partie double avait donné naissance au capitalisme, ou si, du moins, celui-ci pouvait se concevoir sans la partie double. Un économiste allemand, Sombart, avait catégoriquement affirmé, en 1928, qu'on ne pouvait imaginer le capitalisme sans la comptabilité en partie double : « Ils se comportent l'un vis-à-vis de l'autre, comme la forme et le contenu. » Cette position a, depuis lors, été sévèrement critiquée par de nombreux historiens et notamment par Fernand Braudel qui, dans son ouvrage *Civilisation matérielle, économie et capitalisme*, rappelle que le premier livre connu de comptabilité en partie double date de 1211. A cette date les rapports de production capitalistes sont encore embryonnaires, et cet auteur fait remarquer que la diffusion de la partie double s'est effectuée lentement. De grandes entreprises (telle la Compagnie hollandaise des Indes orientales) se sont longtemps passées de ses services et une célèbre compagnie d'assurances londonienne n'y aura recours qu'en 1890. Enfin, il souligne que dans le registre des instruments rationnels propres au capitalisme, il en existe d'autres autrement plus efficaces que la partie double : la lettre de change, la banque, la Bourse, le marché, l'endossement, l'escompte...

Karl Marx s'est attaché à décrire le rôle de la comptabilité dans la division sociale du travail. Dans le livre I du *Capital*, il montre que les communautés archaïques des Indes avaient déjà, pour les travaux agricoles, un comptable dont la fonction était exclusive. Dans le livre II, il souligne que « la comptabilité, contrôle et synthèse idéale du processus [de production], devient d'autant plus nécessaire que la production s'effectue davantage sur une échelle sociale et perd son caractère purement individuel ; donc plus nécessaire dans la production capitaliste que dans celle, disséminée, des artisans et des paysans, plus nécessaire dans la production communautaire que dans la production capitaliste ». Dans le seul texte où il esquisse les principes généraux de la société communiste *(Critique du Programme de Gotha du parti social-démocrate allemand)*, Marx fournit des indications d'ordre comptable sur la manière dont doivent être constitués les différents fonds d'affectation des fruits du travail.

Il ne faut donc pas exagérer la portée de la comptabilité dans l'histoire du développement du capitalisme, mais si, comme Braudel le définit, le capitalisme est « à chaque instant de son histoire, une somme de moyens, d'instruments, de pratiques, d'habitudes de pensée, qui sont sans conteste des biens culturels et qui, comme tels, voyagent et s'échangent », il faut reconnaître que la comptabilité en partie double constitue l'un de ces moyens, et qu'elle s'est perpétuée jusqu'à nos jours.

Un système comptable ne modifie pas un système économique, mais il en consacre les formes de liaisons productives et marchandes, tout en visant à les renforcer.

5. Les Temps modernes et la révolution industrielle

Si, depuis le traité de Luca Pacioli, les méthodes d'enregistrement comptable n'ont pas subi de profonds bouleversements, la comptabilité a évolué sous l'effet des progrès techniques et des changements économiques et sociaux. A partir du XVe siècle, l'invention de l'imprimerie permet de généraliser progressivement et inégalement la partie double à l'ensemble de l'Europe et, en premier lieu, aux régions où s'épanouit l'expansion du commerce. Au XVIe siècle, le centre de la littérature comptable se déplace de l'Italie du Nord vers les Pays-Bas, mais la partie double ne gagne pas encore l'Allemagne. La France qui, au XVIIe siècle, occupe une place dominante en Europe, va donner à la comptabilité son visage contemporain : une ordonnance de Colbert en 1673, oblige les commerçants à tenir des livres comptables, tandis que le livre journal devient un moyen juridique de preuve.

Ainsi apparaît une nouvelle fonction de la comptabilité qui devient auxiliaire de l'État dans la surveillance et le contrôle de l'activité économique liant, par là même, son devenir au rôle fiscal et à l'interventionnisme de l'État.

Parallèlement, les analyses comptables éclatent en un nombre croissant de comptes par nature. Ce cheminement vers la mise en forme des présentations comptables atteint sa maturité vers le milieu du XIXe siècle en Allemagne, puis en 1867 en France, avec la législation sur les sociétés anonymes.

La comptabilité voit ainsi se développer sa fonction de reddition : il s'agit de déterminer les résultats et la situation patrimoniale et, en publiant des comptes *sociaux*, d'informer les actionnaires sur la gestion des dirigeants.

L'essor de la grande industrie, dans la seconde moitié du XIXe siècle, fait naître, en particulier aux États-Unis, un besoin de connaissance des coûts des produits, qui ouvre la voie à la comptabilité analytique qu'on appellera aussi comptabilité industrielle. La comptabilité devient un instrument interne d'aide à la décision, de prévision et de contrôle de gestion.

6. Les développements contemporains

Au XXe siècle, les États nations se préoccupent d'une formalisation des règles comptables, imposée à toutes les entreprises, afin de répondre aux besoins de la collectivité et, en particulier, aux exigences d'information du fisc. Dans les pays occidentaux, c'est l'Allemagne nazie qui, la première, en 1937, adopte un plan comptable (« plan Goering ») unifiant les principes et les méthodes de la comptabilité des entreprises. En URSS, également, la réalisation des plans quinquennaux est suivie, au niveau des unités de production, grâce à la mise en œuvre d'un plan comptable général : le premier date de 1925.

Aux États-Unis, on s'est inquiété très tôt de définir des méthodes et des principes communs, mais il faut attendre la crise de 1929 qui jette une lumière crue sur les insuffisances de l'information financière, pour que les milieux professionnels, en liaison avec les pouvoirs publics, édictent les premières règles essentielles.

En France, le premier plan comptable est élaboré en 1942 sous le régime de Vichy. Il n'est pas appliqué, mais le Plan de 1947 s'en inspire néanmoins. Il est révisé en 1957 et une troisième version, préparée à partir de 1971, débouche sur le Plan actuellement en vigueur, promulgué en 1982.

De nos jours, les principaux débats tournent autour de l'harmonisation internationale des principes comptables et, notamment, de la nécessité ou non de définir un *cadre conceptuel* qui servirait de cadre de référence à la formulation de nouvelles normes ou pratiques comptables et à l'évaluation des pratiques existantes.

Sur le plan technique, le développement de l'application de l'informatique ouvre de nouvelles possibilités en même temps qu'elle pose le problème d'une nouvelle adaptation. L'utilisation des ordinateurs allège les travaux matériels, accélère le traitement des informations et modifie l'organisation du travail des comptables. Mais il se pourrait bien que l'adaptation de la comptabilité à l'informatique remette sérieusement en cause sa méthodologie et ses fondements mêmes.

La mise en œuvre de systèmes-experts, notamment, permet d'envisager l'intégration de la comptabilité dans une base de données et l'automatisation de l'enregistrement des données de base. Certains auteurs voient déjà la sacro-sainte partie double être remise en question par ces évolutions techniques.

II / Besoin universel, mais conventions spécifiques

Si la comptabilité répond indéniablement à un besoin universel pour l'enregistrement des échanges économiques, quels qu'ils soient, elle ne peut avoir de prétention à l'universalité, car c'est une technique d'assemblage de signes qui s'exerce dans un cadre conventionnel et codifié à l'avance qui ne peut être valable partout, à tout moment. Les conventions peuvent être modifiées, à loisir, par les législations nationales, voire par les praticiens, pour s'adapter aux évolutions d'ordre économique, social, et même politique.

Des difficultés nouvelles surgissent et appellent des solutions inédites : l'instabilité des taux de change, la prise en considération des opérations à long terme (bénéfices sur contrats de longue durée, cotisations de retraite...), l'apparition de nouvelles formes de contrats commerciaux (par exemple, le crédit-bail), le développement des « investissements immatériels » comme la production de logiciels ou les dépenses de formation, les nouveaux instruments financiers.

Dans un même pays, les réglementations sont constamment modifiées, au grand dam de ceux qui, professionnellement, ont la tâche de les mettre concrètement en application.

D'un pays à l'autre, les différences de formalisation sont encore plus sensibles. Ainsi, la comptabilité américaine, avec une classification des charges par fonction, a été tournée très tôt vers la gestion, alors que la comptabilité française reste encore très marquée par la connaissance de la valeur du patrimoine. Ce qui constitue, en quelque sorte, la « géographie comptable » est le reflet des identités nationales, des systèmes socio-économiques, des effets de domination culturelle, des luttes à l'intérieur du pays, etc.

La lecture des états financiers ne peut se faire sans une certaine connaissance de l'environnement économique, social, culturel et juridique du pays dans lequel ils ont été établis.

Pour illustrer ce propos, nous avons choisi de présenter succinctement quelques exemples dans des pays très différents.

1. Le plan comptable des pays africains francophones : les prolongements de la domination coloniale

Adopté en 1970, le Plan comptable général de l'OCAM (Organisation commune africaine et malgache, regroupant quatorze États francophones) fut élaboré, à quelques variantes près, selon les principes et la terminologie du Plan comptable français, adopté treize ans auparavant. Toutefois, il a anticipé sur la réforme de 1982 en France, puisqu'il dégageait des soldes caractéristiques de gestion, fournissant les moyens d'une analyse plus approfondie des résultats.

Monique Anson-Meyer [1] a montré que, pour des raisons de coût, ce plan OCAM est difficilement applicable aux entreprises nationales des pays concernés. En revanche, il est parfaitement adapté aux besoins des grandes entreprises étrangères qui peuvent y trouver les instruments de gestion pour une politique d'allocation des ressources du groupe, à l'échelon international. Dans des pays où l'importance du capital étranger est décisive, le plan comptable OCAM ne fait pas apparaître la participation externe et ne fournit aucune indication quant au montant des crédits accordés par l'étranger. Contrairement au plan français, le plan OCAM admet le principe de la compensation dans les comptes de tiers, ce

1. *Mécanismes de l'exploitation en Afrique : l'exemple du Sénégal,* Cujas, 1974.

qui permet de compenser des créances et des dettes entre sociétés appartenant à un même groupe et, donc, d'occulter l'analyse des opérations entre ces sociétés. Comme « les entreprises peuvent déterminer le prix de cession interne selon les règles et les méthodes qui satisfont le mieux leurs besoins propres de gestion », la libre détermination de prix de cession utilisés pour les transferts de bénéfices en est d'autant facilitée.

En conclusion, Monique Anson-Meyer souligne que le plan comptable OCAM « apparaît donc de fait comme un instrument destiné à l'exploitation la plus rentable pour l'étranger, des ressources des pays de l'OCAM » et elle ajoute : « Non seulement, il répond aux besoins du capital étranger, mais il vise à lui assurer la plus grande rentabilité à l'échelle choisie par lui, l'échelle internationale. » Les plans comptables nationaux des pays du Maghreb sont eux aussi largement inspirés du plan comptable français.

2. Europe centrale et orientale : les problèmes d'une réforme comptable dans une perspective de transition à l'économie de marché

Dans les pays d'économie centralement planifiée, la comptabilité sert les objectifs de suivi et de contrôle de l'exécution de la planification nationale. Elle a également pour objectifs la conservation des biens publics, la surveillance financière et l'obtention de statistiques macroéconomiques. La comptabilité d'entreprise a donc une orientation fortement marquée par les besoins d'information macroéconomique.

Sur le plan opérationnel, pour l'entreprise, son but est essentiellement de permettre le calcul des coûts de revient et de fournir les statistiques de production. La connaissance de la situation patrimoniale est tout à fait secondaire, l'État étant propriétaire des moyens de production. Le problème principal fut toujours celui de la détermination des « coûts normés », puisque les prix n'étant pas fixés par les marchés, mais par l'État, il ne pouvait exister de critère économique permettant de définir ce qu'est un coût, une perte ou un bénéfice.

En fait, l'utilité de la comptabilité n'est jamais très grande, tant que l'autonomie de l'entreprise est restreinte. Les praticiens de la comptabilité ne jouissaient guère de considération, d'autant plus qu'ils apparaissaient comme les instruments du pouvoir central.

Depuis les changements intervenus avec l'ouverture à l'économie de marché, la comptabilité connaît un regain d'intérêt car l'autonomie des entreprises et la constitution d'entreprises communes avec des partenaires occidentaux requièrent une information comptable fiable et une connaissance des coûts beaucoup plus précise.

Durant cette période de transition, on attend de la comptabilité qu'elle soit, plus qu'un accompagnateur, mais un moteur du développement de l'économie de marché. La réforme comptable devient nécessaire car il faut satisfaire des groupes d'utilisateurs nouveaux.

De nombreux obstacles doivent cependant être surmontés : choix d'un modèle de système comptable (concrètement, cela signifie choix entre le modèle anglo-saxon et le modèle dit « continental » européen), adoption des normes internationales pour rassurer les investisseurs étrangers potentiels, création d'une profession comptable indépendante, sans oublier les problèmes spécifiques, tels que l'évaluation des actifs d'entreprises privatisées, sans référence à des prix de marché existants (l'immobilier, par exemple), la prise en compte de l'hyperinflation, la naissance de marchés financiers, le rôle nouveau de la fiscalité comme levier d'interventionnisme économique.

Mais, au-delà, c'est toute une représentation nouvelle de l'activité économique qui doit être assimilée par les acteurs locaux : acceptation et assumation de l'incertitude et du risque, confiance dans les transactions à crédit, nouvelle conception de l'entreprise et du capital, jeu de transparence des informations, sens des responsabilités.

3. La Chine populaire : la partie double entre les lignes

Dans la toute première phase de la « Grande révolution culturelle prolétarienne » fin 1965, le ministère du Commerce décidait d'abolir la méthode de débit-crédit dans la tenue des livres comptables, et de lui substituer la méthode par addition-soustraction. S'il ne s'agissait pas d'une renonciation à la partie double qui continuait à être qualifiée de « scientifique », la nouvelle méthode analysait les mouvements de fonds selon deux critères : leur provenance et leur affectation. Toute opération doit faire l'objet d'une double transcription simultanée, à la fois dans la catégorie des provenances de fonds et dans celle des affectations. Ainsi, une addition doit être inscrite pour toute augmentation de provenance et affectation de fonds (obtention d'un prêt par exemple) ; à l'inverse, une soustraction doit être inscrite pour toute diminution (remboursement du prêt par exemple). On a ainsi l'illustration d'une pratique de la partie double sans la présentation en « débit-crédit ».

Les autorités chinoises firent valoir la suppression des complications inutiles du « débit-crédit », mais au-delà d'une modification en apparence technique, la réforme avait une visée politique dont témoigne cet extrait d'un journal chinois de l'époque *(Ta-Kung Pao)* : « [...] La lutte sera dure pour rendre accessible à tout le monde le nouveau système de tenue de livres. Les vieux employés de comptabilité, familiarisés avec l'ancien système, ne voudront pas en changer. De même, les experts-comptables, qui considèrent qu'ils font autorité dans le système débit-crédit, s'opposeront aussi à toute réforme parce qu'elle pourrait rendre sans objet leur tâche d'expert [...]. Parce que le travail comptable fait partie des servitudes de l'économie socialiste, le fait qu'il soit facile à apprendre, comprendre et mettre en pratique est un atout majeur de la politique. Un directeur qui ne comprend pas les livres de comptes n'est pas en mesure de diriger le fonctionnement de son entreprise. Quant aux masses, si elles ne comprennent pas les livres de comptes, elles ne peuvent pas non plus exercer une supervision globale ni rendre effective une démocratisation de la finance [...] »

Après quelque temps d'application, les avis furent partagés sur les mérites de la nouvelle méthode. Elle ne peut, en effet, résoudre les problèmes essentiels auxquels la tenue des livres comptables est confrontée. Elle ne peut s'appliquer que dans un système d'économie centralisée où l'on ne se soucie pas de dégager un profit pour l'entreprise. Or, le pays a connu, au cours de ces dernières années, une ouverture sur l'économie de marché et une diversification des types d'entreprise avec, notamment, les « zones économiques spéciales » et la création d'entreprises conjointes, à l'intérieur desquelles on tente d'appliquer les méthodes occidentales de comptabilité.

En tout cas, cette illustration montre comment la comptabilité peut aussi être utilisée, le cas échéant, dans un discours politique ou idéologique, naïf ou décalé par rapport à la réalité économique, ou bien encore, servir un double jeu, en s'insérant dans un double langage.

4. Le Japon : tout pour la croissance !

Après 1945, les principes comptables japonais ont été plus modelés selon les réglementations fortement influencées par les occupants américains que par l'expérience pratique des hommes d'affaires et des comptables. L'objectif essentiel de l'information comptable était de donner la priorité à la protection des actionnaires autant qu'à celle des créanciers qui, avant la guerre, constituait traditionnellement la préoccupation principale.

Tout en conservant des concepts comptables fondamentalement identiques à ceux des États-Unis, le Japon a développé ses spécificités. S'il s'agit indiscutablement d'un pays d'économie libérale, l'État n'en joue pas moins un rôle économique essentiel. Ainsi la fiscalité, qui est orientée vers le maintien de la rentabilité et vers la croissance économique de secteurs choisis, exerce-t-elle une influence décisive sur les principes comptables.

En acceptant la réglementation fiscale comme norme comptable de base, les entreprises japonaises peuvent bénéficier de toutes les facilités fiscales. Ainsi, de nombreuses provisions, dont les bases de calcul sont larges, sont déductibles d'une année sur l'autre et permettent non seulement de minimiser les résultats, mais aussi de les ajuster d'une année sur l'autre. Elles concernent particulièrement les opérations effectuées avec l'étranger : développement des ventes à l'exportation, investissements. Des dotations spéciales aux amortissements, des crédits d'impôts acquis définitivement sur des transactions particulières, avec l'étranger notamment, complètent le dispositif et expliquent que les sociétés japonaises présentent, en général, des résultats inférieurs à ce qu'une société étrangère présenterait dans des conditions économiques comparables.

Si l'on ajoute que les états financiers japonais valorisent les participations au plus bas du coût d'achat ou du prix du marché, que l'endettement est toujours le plus élevé possible, que l'utilisation intensive des dettes à court terme affaiblit l'importance du fonds de roulement, on pourra en conclure que l'image fournie incite plutôt les actionnaires à modérer leurs aspirations à la distribution de dividendes.

III / L'internationalisation de la comptabilité : vers quelle harmonisation ?

La diversité des systèmes comptables à travers le monde est donc un fait aisément constatable. On peut raisonnablement penser que l'évolution économique marquée par l'internationalisation des marchés et de l'activité des entreprises, notamment la progression de l'investissement international direct, poussera de plus en plus les nations à tenter de rapprocher leurs systèmes comptables. C'est déjà ce que réclament fortement les investisseurs internationaux qui veulent pouvoir comparer, en toute fiabilité et selon des critères équivalents les opportunités de placement des capitaux. En effet, plusieurs études comparatives ont montré que, selon les méthodes retenues, d'un pays à l'autre, les résultats d'une même entreprise étaient très sensiblement différents. D'autres voix s'élèvent aussi, au nom du respect de l'égalité dans la concurrence, pour que toutes les sociétés connaissent également un traitement équitable, en étant soumises aux mêmes règles de publication d'informations financières.

Les enjeux sont, à bien des égards, considérables, et deux problèmes principaux se posent alors : sous l'égide de quel(s) organisme(s) les tentatives d'harmonisation vont-elles s'effectuer ? Quelle conception comptable va prédominer, étant donné que les deux cultures comptables les plus marquantes et les plus influentes dans le monde — l'anglo-saxonne et la française — continuent de s'opposer ?

Plusieurs organisations internationales veulent apporter

une contribution active à l'établissement de normes internationales. En 1982, l'ONU constituait un groupe intergouvernemental d'experts dont l'un des objectifs était de veiller aux intérêts des pays en voie de développement, en ce qui concerne la publication d'informations comptables. La majorité des pays membres de l'ONU, constituée de pays en développement, considère en effet que les sociétés multinationales ne fournissent pas assez d'informations et ne leur permettent pas d'en contrôler l'activité dans leurs pays. Le groupe d'experts estime par ailleurs que, trop souvent, les normes, façonnées par les pays anglo-saxons, sont formulées de manière à être facilement acceptables par les milieux d'affaires, mais négligent les besoins des autres utilisateurs. Le groupe considère, en particulier, que les informations relatives aux mesures prises pour la protection de l'environnement sont insuffisantes.

L'OCDE, qui regroupe les pays occidentaux les plus industrialisés, avait devancé l'ONU en publiant, dès 1976, un document visant à montrer les traits caractéristiques, les approches communes ou les différences essentielles à prendre en compte pour toute tentative d'harmonisation. Adoptés par les gouvernements des pays membres, des « principes directeurs » adressent aux entreprises multinationales un ensemble de recommandations qui visent, en particulier, à mieux informer le public sur la structure, les activités et les politiques de ces entreprises. Dépourvue de force de contrainte, la mise en œuvre de ces principes repose essentiellement sur l'appui des partenaires sociaux, milieux d'affaires et syndicats qui sont associés à leur élaboration.

La Communauté européenne a, quant à elle, pour objectif l'harmonisation des normes comptables de ses États membres dans le cadre d'un programme d'harmonisation du droit des sociétés. Elle a déjà adopté trois directives importantes dans le domaine comptable : la « Quatrième directive » porte sur l'établissement, la structure et le contenu des comptes annuels (le Plan comptable français de 1982 avait notamment pour but de rendre compatible la réglementation française avec cette directive communautaire) ; la « Septième directive » concerne l'établissement, la publicité et le contrôle des comptes consolidés, et la « Huitième » est relative à l'agrément des personnes chargées du contrôle légal des documents comptables. La Communauté européenne suit de près les développements internationaux de la comptabilité tout en cherchant à préserver sa propre identité. Elle a décidé, à cette fin, en 1990, d'instaurer un Forum consultatif de la comptabilité comprenant les représentants des organismes de normalisation comptable des États membres, des représentants des préparateurs et des utilisateurs de comptes, la profession comptable et les milieux universitaires.

Mais ce sont surtout les organisations professionnelles internationales qui sont les plus actives avec, en tout premier lieu, le Comité des normes comptables internationales (*International Accounting Standards Commitee* — IASC), créé en 1973 et qui regroupe les organisations professionnelles de plus de soixante pays. Ce Comité a pour objet d'élaborer et de publier des normes comptables internationales qui doivent « être respectées lors de la présentation des comptes annuels et des états financiers, ainsi que d'assurer l'acceptation et l'application de ces normes à l'échelon mondial ». Ces normes n'ont, de fait, pas de caractère obligatoire, mais elles n'en exercent pas moins une forte influence sur les pratiques et les réglementations nationales. Une autre organisation, l'IFAC *(International Federation of Accountants)*, créé en 1977, a des préoccupations plus centrées sur le travail professionnel (normes de révision, éthique professionnelle, formation des comptables).

L'IASC pense que l'harmonisation peut progresser si l'on se concentre sur les états financiers. Elle a donc publié 31 normes portant sur presque tous les postes des états financiers. D'après son président, « le projet de l'IASC est de fondre les identités nationales ou régionales dans un consensus général ». Une part importante de ces normes est consacrée au projet de réduction des options tendant à ne plus admettre qu'une seule méthode pour la comptabilisation d'une même transaction ou d'un même événement.

Mais cette volonté suscite des résistances car l'on reproche généralement à l'IASC de subir l'influence du FASB *(Financial Accounting Standards Board)*, l'organisme de normalisation américain qui a déjà publié près d'une centaine de normes depuis 1973 ; cela ne fait que traduire, à ce niveau, la prépondérance de la première puissance économique mondiale qui continue d'être la référence pour les marchés de capitaux, les méthodes et les idées en matière de management. Poursuivant dans sa logique de forger une doctrine internationale et s'inspirant précisément des premiers travaux du FASB sur un projet de cadre théorique comptable, l'IASC a publié, en 1989, un « cadre pour la préparation et la présentation d'états financiers » (qui a été rapidement dénommé « cadre conceptuel » en France). Il s'agit en quelque sorte d'une ambition de produire des conventions fondamentales auxquelles se référerait toute élaboration, interprétation ou application de normes de comptabilité et d'information financière. Comme le cadre du FASB, celui de l'IASC est construit selon la même structure et les mêmes idées ; il se divise en quatre parties :

— les objectifs des états financiers (situation financière, performance et évolution) ;

— les caractéristiques qualitatives des états financiers (intelligibilité, pertinence, fiabilité, comparabilité) ;

— les éléments constituant les états financiers (actifs, passifs, produits, charges) ;

— les méthodes d'évaluation des éléments des états financiers.

La présentation de ce cadre a déjà suscité beaucoup de discussions dans les milieux intéressés, notamment en France où il ravive l'opposition entre la conception anglo-saxonne et la conception française (dite aussi « continentale »). Si ces deux grandes conceptions se sont rapprochées au cours de la fin de la décennie des années quatre-vingt, aussi bien en matière de concepts, de conventions qu'en ce qui concerne les méthodes d'évaluation, elles restent fondamentalement opposées au moins sur deux plans essentiels :

1) les charges sont saisies par nature dans la comptabilité française, alors qu'elles sont saisies par fonction dans la comptabilité anglo-saxonne, ce qui implique, pour la comptabilité française, d'avoir deux sortes de comptabilité séparées : générale (ou financière) et analytique (ou de gestion) ;

2) la normalisation anglo-saxonne n'est pas codifiée dans un plan national.

Au-delà de ces deux aspects, l'un technique et l'autre institutionnel, ce sont surtout deux conceptions de la satisfaction des besoins des utilisateurs qui s'opposent et qui résultent de différences de caractères culturels et de civilisation. Les Anglo-Saxons privilégient les informations nécessaires à la prise de décision des investisseurs ; leur conception est fortement empreinte de libéralisme, c'est-à-dire avec peu de considération pour les implications sur la collectivité nationale ; enfin, une plus grande responsabilité est laissée aux professionnels dans l'appréciation des états financiers. La conception française de la normalisation comptable se veut plus « consensuelle » entre les différentes parties prenantes. Elle présente une finalité pédagogique implicite et, se voulant cohérente, offre un cadre plus formaliste.

Que ce soit au niveau national ou international, les règles comptables ne résultent pas, pour l'essentiel, d'une savante élaboration scientifique. On ne peut donc qu'approuver ce qu'écrit un praticien et universitaire : « L'élaboration des règles comptables est un processus politico-stratégique complexe dans lequel chaque partie défend ses intérêts[1]. »

L'avenir de l'harmonisation internationale de la comptabilité se jouera donc dans un rapport de forces entre les organisations professionnelles, les organisations politiques internationales, les grandes firmes multinationales et les États des grandes nations industrialisées. Dans ce jeu planétaire, on ne doit pas négliger, non plus, le rôle et l'influence des grands cabinets d'audit internationaux, d'origine anglo-américaine, qui véhiculent leur modèle et souvent réussissent à l'imposer dans ce qu'il faut bien appeler une compétition internationale.

1. BOUSSARD, D., *Communication au second séminaire de recherche de l'Association française de comptabilité,* Grenoble, janvier 1981.

Deuxième partie

Les fondements de la comptabilité d'entreprise

La comptabilité est une technique qui, par le rassemblement de données numériques et leur organisation en un ensemble cohérent, permet de rendre compte de l'activité et des résultats d'une entreprise et, plus généralement, d'une organisation. Les documents comptables produits par une entreprise se présentent sous différentes formes qui correspondent, en fait, à des besoins d'information différents. Pour bien comprendre le fonctionnement et surtout la signification des comptes, il est indispensable de connaître les principes qui ont présidé à leur élaboration et les conditions dans lesquelles ils ont été fabriqués.

I / Les différentes formes de comptabilité d'entreprise et leurs limites

En France, il y a une séparation relative de la comptabilité d'entreprise en deux branches.

On distingue la comptabilité générale, base de toute construction comptable, dont l'objet est l'enregistrement de toutes les opérations de l'entreprise, et la comptabilité analytique qui, s'appuyant sur la comptabilité générale, a pour objectif le calcul des coûts de revient.

On doit y ajouter deux formes plus récentes : la comptabilité des groupes et la comptabilité prévisionnelle.

1. La comptabilité générale

C'est elle qui enregistre, classe et regroupe les informations relatives aux mouvements de valeurs ayant pour origine les activités de l'entreprise. Techniquement, chaque opération (achat, vente, prêt, emprunt...) fait l'objet d'écritures dans des comptes. Un compte se présente comme un tableau à deux colonnes et enregistre les opérations ayant une nature commune. Les comptes individualisés sont ensuite regroupés, en fin de période, dans des comptes de synthèse qui fournissent les éléments finaux d'appréciation des résultats.

Dès son origine, la comptabilité générale a un double objectif :

— elle vise à déterminer, à mesurer les résultats de l'entre-

prise sur une période donnée, qu'on appelle un exercice (généralement une année) : cet objectif est rempli par l'élaboration d'un compte de résultat ;
— elle vise à faire connaître la situation patrimoniale de l'entreprise (ce qu'elle possède, ce qu'elle doit) à un moment donné qui est la date de clôture de l'exercice. Le bilan remplit cette fonction.

Le compte de résultat et le bilan sont articulés : le compte de résultat présente les flux et les résultats de la période précédant la clôture de l'exercice (douze mois en général) ; le bilan intègre les résultats de la période écoulée et se trouve enrichi (ou appauvri) de ces résultats par rapport au bilan de la clôture précédente.

Les documents ainsi élaborés répondent à des obligations légales et, dans certains cas (pour les sociétés anonymes), sont soumis à publicité. Le Code de commerce (articles 8 à 12) impose à tout commerçant de procéder à un enregistrement chronologique journalier et de conserver les documents comptables et les pièces justificatives pendant dix ans. En outre, il doit établir des « comptes annuels réguliers, sincères » donnant « une image fidèle du patrimoine, de la situation financière et du résultat de l'entreprise ».

La comptabilité générale est donc un moyen de contrôle et de preuve des actes de commerce, dont l'importance juridique est très grande. Le formalisme contraignant de son élaboration et de sa présentation s'explique en grande partie par cette raison.

Mais, depuis les années cinquante, cette fonction juridique, toujours essentielle, est complétée, voire dépassée par une autre fonction : on demande à la comptabilité de devenir un outil de gestion et d'analyse financière, ce à quoi elle n'était pas nécessairement destinée. La comptabilité générale présente en effet des limites inhérentes à son propre objet. Tout d'abord, elle est tournée vers la description du passé, même si ce passé est proche (quelques mois) et même si, dans l'évaluation de certaines valeurs, on doit tenir compte des perspectives de l'entreprise à court et à moyen terme (dépréciation des stocks, amortissements liés au renouvellement futur du matériel, probabilité de réalisation de valeurs contestées ou vulnérables...). Ensuite, elle est faite pour retracer des opérations passées en vue de la détermination d'un résultat. Ce résultat est censé mesurer l'enrichissement ou l'appauvrissement du patrimoine de l'entreprise durant la période considérée. Mais on ne prend pas en compte la méthode qui a permis d'obtenir ce résultat ni les conditions dans lesquelles il a pu être réalisé.

Certaines caractéristiques essentielles de l'activité de l'entreprise et de ses résultats n'entrent donc pas dans le champ de ses préoccupations. Elle ne nous éclaire pas sur la nature et la qualité des produits, sur l'efficience commerciale, les performances techniques du matériel, la productivité du travail, l'évolution des conditions salariales, etc. Ces types de connaissances requièrent des données physiques que la comptabilité générale ignore totalement ; tout au plus, des recoupements ou des mises en parallèle pourront être faits entre données comptables et données physiques.

De plus, la faible fréquence des publications de la comptabilité générale (une fois par an, et plusieurs mois après la clôture de l'exercice, pour les documents de synthèse) provoque souvent des interrogations quant à son utilité comme outil de gestion.

Enfin, la comptabilité générale, conçue pour rendre compte des activités d'un exploitant individuel ou d'une société, n'est pas adaptée pour répondre à des besoins nouveaux d'information, nés des complexes structures économiques et juridiques contemporaines. L'entreprise prend aujourd'hui des formes multiples et il existe fréquemment des distorsions entre l'unité économique et l'entité juridique qui sert de cadre à la comptabilité générale. Ainsi, le groupe, ensemble de plusieurs sociétés, échappe à ces moyens d'investigation habituels et il faut recourir à d'autres méthodes (la consolidation des comptes de sociétés que nous présenterons ultérieurement) pour en obtenir la situation financière. A l'opposé, si une société est composée de plusieurs établissements, la comptabilité générale n'apportera aucun élément d'information sur l'activité et les résultats de chacun des établissements et il faudra, là encore, prévoir un système de démembrement.

Pour toutes ces raisons, la comptabilité générale reste donc une base, certes indispensable, mais limitée comme instrument de gestion, à la fois dans l'espace et dans le temps. Toute projection dans l'avenir, toute prévision nécessite une analyse du passé : la comptabilité générale permettra d'effectuer cette analyse ; mais il ne faudra pas en attendre plus que ce qu'elle peut fournir. C'est ce qui explique notamment la recherche et le développement d'instruments complémentaires, tels que les comptabilités analytique et budgétaire.

2. La comptabilité analytique

Sous le double effet de la pression de la concurrence et de la multiplicité des produits et des processus de production, les entreprises ont éprouvé le besoin de mieux connaître leurs coûts, afin de déterminer avec le plus de précision possible les prix de vente et les marges réalisables sur chaque produit. Non seulement il s'agissait de prévoir, mais il fallait aussi se donner les moyens de pouvoir suivre l'exécution des décisions : cela explique l'essor contemporain du contrôle de gestion et de son instrument privilégié, la comptabilité analytique, dont ne saurait se passer, aujourd'hui, une entreprise de quelque importance.

La comptabilité analytique est donc un instrument de gestion dont se dote la direction d'une entreprise pour satisfaire ses propres besoins d'information et guider ses décisions. A la différence de la comptabilité générale, elle ne répond pas à une exigence sociale extérieure, sa codification n'est pas soumise à des conventions communes à toutes les sociétés ; ses résultats n'ont pas vocation à être rendus publics.

Les objectifs de la comptabilité analytique sont divers et se sont élargis. Elle cherche à déterminer les coûts des différentes fonctions assumées par l'entreprise. Elle fournit la base d'évaluation de certains éléments du bilan (stocks notamment) et permet d'expliquer certains résultats par comparaison des coûts et des prix de vente des produits. En outre, la comptabilité analytique sert de base à la comptabilité budgétaire. Elle établit les prévisions de charges et de produits qui seront comparées aux résultats. L'étude des écarts ainsi déterminés constitue la méthode privilégiée du contrôle de gestion, qui permet, à partir de ces observations, de sélectionner les mesures correctives. Au cours des dernières années, la comptabilité analytique a étendu le champ de ses fonctions en apportant son aide à la recherche opérationnelle. Ainsi, le calcul de rentabilité d'un investissement suppose l'existence d'une comptabilité analytique rigoureuse qui fournira les comptes prévisionnels de résultats. Au-delà du cadre strict du calcul des coûts des produits, on utilise aussi la comptabilité analytique pour connaître le coût d'une grève, de l'absentéisme, des accidents du travail, d'une mesure de licenciements collectifs, de la mise en retraite anticipée, du recours à la sous-traitance, etc.

La comptabilité analytique s'appuie sur les informations collectées par la comptabilité générale. Ses procédures d'élaboration et sa présentation peuvent toutefois être différentes selon les entreprises, voire au sein même d'une entreprise ou d'une année à l'autre. Comme il s'agit de retenir la solution la plus appropriée au besoin d'information des responsables de l'entreprise, on opère des choix et des combinaisons en fonction des particularités retenues. Cette grande souplesse d'adaptation a évidemment une fâcheuse contrepartie : l'interprétation des résultats est difficile, le sens et la portée des informations dépendant en effet de la manière dont elles ont été codifiées et traitées.

Donnons un exemple : le principal problème de la comptabilité analytique est celui de l'imputation des charges indirectes qui sont souvent des charges fixes, indépendantes du volume d'activité (frais généraux administratifs, frais financiers...). Depuis plus de cinquante ans, des discussions ont cours à ce sujet sans qu'une solution définitive ait été trouvée. Si l'on applique ici la méthode dite des « sections homogènes », on utilisera ailleurs la technique américaine du *direct costing* ou d'autres méthodes. Les entreprises ont un éventail de possibilités et le choix des procédures présente un caractère arbitraire et subjectif. Par ailleurs, tout calcul de coût doit s'effectuer par rapport à un certain niveau de vente ou de production : la comparaison de la rentabilité entre plusieurs produits, au sein d'une même société, conduira à des conclusions différentes selon le type de procédure choisi. Pour comparer la rentabilité d'un même produit issu de deux entreprises concurrentes, il faut connaître préalablement les méthodes d'évaluation retenues. La comparaison n'aura bien entendu de sens que si elles sont identiques.

On imagine aisément combien la manipulation des résultats analytiques est délicate et combien peut être dangereuse l'utilisation, sans précautions, de chiffres obtenus à partir de calculs n'obéissant pas à une règle du jeu unique et ne subissant aucun contrôle externe à l'entreprise. Certes, ces chiffres ne sont pas destinés à être divulgués en dehors des cercles dirigeants de l'entreprise, mais ils sont de plus en plus souvent diffusés, du fait de l'accroissement des pouvoirs de contrôle des élus du personnel sur la marche des entreprises, et aussi parce que les directions n'hésitent pas à les présenter lorsqu'elles doivent justifier l'arrêt d'une fabrication ou la fermeture d'une usine entraînant des licenciements économiques. C'est ainsi que la comptabilité ôte son habit technique pour prendre place dans le champ des enjeux sociaux.

On a pu montrer que l'analyse des coûts trouve ses origines dans la conception taylorienne de la production*. L'extrême éclatement des tâches que provoque le taylorisme accroît la nécessité du contrôle par le centre de décision de l'entreprise de l'ensemble de l'appareil productif. L'analyse des coûts et le contrôle de gestion permettent de « recoller l'entreprise morcelée », afin de lui rendre son unité de gestion.

Aujourd'hui, les principes tayloriens d'organisation de la production sont remis en cause ; l'automatisation et l'utilisation flexible des équipements entraînent des changements dans la structure de répartition des coûts et affecte les notions traditionnelles de coûts fixes/coûts variables, de coûts directs/coûts indirects. Le système classique de comptabilité analytique s'en trouve dépassé et il faut trouver de nouveaux instruments. Des chercheurs proposent un nouveau système fondé sur une modélisation des activités économi-

* Cf. BURLAUD A., SIMON C. (1985).

quement significatives de l'entreprise permettant de dégager des « générateurs de coûts ». Déjà expérimentée dans plusieurs grandes entreprises, c'est une nouvelle conception comptable qui est en train de s'élaborer.

3. Les comptes consolidés

Un groupe de sociétés est une entité économique et financière placée sous l'autorité d'une direction unique, généralement constituée par les dirigeants de la société mère. Le but de la consolidation des comptes est de présenter le résultat des opérations et la situation financière de la société mère et de ses filiales comme si le groupe était une seule société avec plusieurs succursales ou divisions. La consolidation est devenue un moyen indispensable de connaissance pour la gestion des entreprises ayant atteint une certaine importance. En effet, les comptes sociaux d'une société mère (généralement holding) ne fournissent pas une image de l'activité économique de l'ensemble qu'elle contrôle. Ainsi, sous la rubrique « immobilisations financières », au bilan, sont regroupées les valeurs des titres de participation détenus dans des filiales dont les activités peuvent être multiples et très différenciées.

Dès 1910 aux États-Unis, des bilans et comptes de résultat consolidés étaient inclus dans les rapports annuels de toutes les sociétés américaines importantes. En France, bien qu'il n'existe pas encore de législation d'ensemble sur les groupes, contrairement à l'Allemagne, une loi de 1985 a fait obligation à toutes les sociétés commerciales se trouvant à la tête d'un groupe de publier chaque année des comptes relatifs à ce groupe.

La méthode de base de la consolidation est l'*intégration globale* de chacun des postes du bilan et du compte de résultat des filiales dans ceux de la société mère, en éliminant les comptes réciproques afin d'éviter les doubles emplois. La méthode d'*intégration proportionnelle* ne retient que les pourcentages d'actifs, de passifs, d'opérations et de résultat correspondant aux seuls intérêts de la société mère, faisant ainsi disparaître tout intérêt minoritaire. La *mise en équiva-*

lence est une méthode de consolidation des titres dans les comptes consolidés.

La consolidation présente de nombreux avantages (contrôle interne de la gestion des filiales, amélioration des analyses de groupe, par branche d'activité, zone géographique..., meilleure information des tiers), mais il convient également d'en percevoir clairement les limites :

— pour la détermination du périmètre de consolidation (ensemble des sociétés qui font partie du groupe), il faut fixer le pourcentage de contrôle de la société mère qui traduit le lien de dépendance ; or le seuil du pourcentage peut exclure des sociétés réellement dépendantes ou sur lesquelles la mère exerce une influence significative ;

— le périmètre est mouvant d'une année à l'autre, ce qui rend difficiles les comparaisons pluriannuelles ;

— la consolidation doit reposer sur des bases homogènes, ce qui suppose le respect de pratiques comptables identiques pour les sociétés entrant dans le périmètre ;

— dans les groupes multinationaux se pose le problème de la conversion des états financiers libellés en monnaies différentes ; la complexité des problèmes de parité monétaire ne permet pas d'avoir une méthode unique et durable ;

— les comptes consolidés d'un groupe sont difficilement comparables avec ceux d'autres groupes, parce que les méthodes d'élaboration diffèrent souvent et parce que les activités sont généralement très diversifiées ;

— les comptes consolidés donnent une image globale d'un groupe, résultant d'une agrégation de composantes, aux résultats souvent fort disparates ; l'interprétation d'ensemble n'est donc pas aisée lorsqu'on ne dispose pas des résultats des différents éléments constitutifs.

4. Les comptes prévisionnels

Une loi du 1er mars 1984, complétée par un décret du 1er mars 1985, relative à la prévention des difficultés des entreprises oblige les entreprises d'une certaine taille, qui ont nécessairement un commissaire aux comptes, à établir des documents financiers prévisionnels. Cela concerne les entreprises qui ont un chiffre d'affaires supérieur à 40 millions de francs ou plus de 100 salariés.

Elles doivent fournir :

— chaque semestre, la situation de l'actif réalisable et disponible (valeurs d'exploitation exclues) et du passif exigible dans les trois mois suivant la fin du semestre ;

— chaque année, trois mois après le début de l'exercice, un plan de financement prévisionnel et un compte de résultat prévisionnel (révisé dans les trois premiers mois du second semestre). Ces documents, accompagnés d'un rapport du conseil d'administration, sont transmis au commissaire aux comptes et au comité d'entreprise.

Ces dispositions permettent, en partie, de pallier les insuffisances de la comptabilité générale en matière de connaissance des perspectives de l'entreprise. Elles posent toutefois des problèmes d'examen de la fiabilité des données de base utilisées, de la pertinence du choix des grandeurs caractéristiques, de la cohérence d'ensemble des hypothèses retenues et de la comparabilité avec les réalisations effectives.

II / Le mode de production

La manière dont les instruments comptables sont élaborés n'est pas indifférente quant au produit final (documents de synthèse) dont nous disposons pour apprécier une entreprise. Le produit comptable est, en effet, déterminé, orienté par les principes appliqués. Examinons successivement les grands principes, puis les procédures concrètes.

1. Les grands principes de la comptabilité générale

L'élaboration et la présentation des résultats issus de la comptabilité se fondent sur des conventions, dénommées « principes comptables généralement admis » et issues de travaux de normalisation. Ces principes ne sont ni intangibles, ni immuables, ni universels. Dans un même pays, à une même époque, des auteurs différents ne présentent pas exactement les mêmes principes ; en effet, certains sont codifiés dans les plans comptables, d'autres ne le sont pas et restent plus ou moins implicites, notamment dans les réglementations fiscales.

En France, un certain éclaircissement a été apporté par la nouvelle rédaction du Code de commerce (articles 11 à 15). Si certains principes sont implicites, cinq sont maintenant explicitement codifiés :

— *continuité de l'exploitation :* l'arrêté des comptes présume

que l'entreprise continuera de fonctionner dans un avenir prévisible (en cas de perspective de liquidation, les éléments du patrimoine doivent évidemment être évalués différemment : « valeurs liquidatives ») ;
— *permanence des méthodes :* les modes d'évaluation ne peuvent être modifés d'un exercice à l'autre. Il est clair que des modifications ôteraient toute signification aux comparaisons (des dérogations sont toutefois possibles, à condition que les actionnaires en soient informés) ;
— *prudence :* « Il doit être tenu compte de tous les risques prévisibles et pertes éventuelles qui ont pris naissance au cours de l'exercice ou d'un exercice antérieur, même si les risques ou pertes ne sont connus qu'entre la date de clôture du bilan et la date à laquelle il est établi » ; en outre, il doit être tenu compte de toutes les dépréciations. Cet objectif, qui vise à protéger les épargnants et à garder leur confiance en évitant la distribution de dividendes fictifs, a toujours beaucoup choqué les analystes extérieurs. C'est, par exemple, en vertu de ce principe qu'une action cotée en Bourse sera dépréciée si son cours chute en dessous de son prix d'acquisition, mais ne sera pas réévaluée si son cours est au-dessus du prix d'acquisition ;
— *indépendance ou spécialisation des exercices :* les charges et les produits doivent être comptabilisés dans les comptes de l'exercice auquel ils se rattachent, sans considération de la date de paiement ou d'encaissement. Il s'agit de bien individualiser les résultats d'un exercice, en découpant la vie continue de l'entreprise. En pratique, l'application de ce principe se heurte souvent à la difficulté d'apprécier le moment où doit s'effectuer la coupure ;
— *non-compensation :* il est interdit d'effectuer des compensations entre des postes d'actif et de passif et entre des postes de charges et de produits.

D'autres principes sont appliqués, mais ceux-ci restent implicites et parfois controversés :
— *les coûts historiques :* toute valeur inscrite en comptabilité est fondée sur le prix d'acquisition ou le coût de revient de l'élément considéré. Des auteurs estiment qu'il s'agit d'une méthode d'évaluation, et non d'un principe, car de

nombreux correctifs y sont apportés (les réévaluations par exemple) et les débats sont très nourris sur l'opportunité de cette règle ; en effet, les valeurs saisies en comptabilité sont estimées en unités monétaires (principe de *quantification monétaire*), en présupposant qu'il s'agit d'unités de mesures stables et que l'on peut additionner des unités monétaires de différentes époques. Or, il est évident que l'unité monétaire n'est pas un valorimètre constant ;
— *l'entité :* chaque opération doit être imputée à l'entité juridique à laquelle elle se rattache, indépendamment de ses propriétaires. D'apparence évidente, ce précepte se révèle d'application difficile lorsqu'il s'agit d'une exploitation individuelle ou d'un groupe de sociétés soumises à une même autorité. Au cours de leurs différents procès, les frères Willot n'ont pas manqué d'invoquer l'insuffisance de la législation française sur les groupes pour se défendre de l'accusation de jongler avec les finances de leurs nombreuses sociétés ;
— *la sincérité :* les comptes doivent être présentés avec le souci de traduire la vérité. Il s'agit plutôt d'un comportement exigé de la part de ceux qui établissent et contrôlent les comptes. Cette notion tend maintenant à être supplantée par la recherche de l'« image fidèle ».

Deux principes suggérés par l'IASC ne sont pas explicitement appliqués en France :
— le principe d'*importance relative* vise à faire révéler toutes les opérations dont l'importance peut affecter les évaluations et les décisions ; il est difficile d'en donner une définition objective ;
— le principe de *prééminence de la réalité sur l'apparence* a pour souci de mieux rendre compte des réalités plutôt que de se conformer à des normes juridiques.

2. La fabrication

Les documents comptables de synthèse sont le résultat d'un travail qui se décompose en trois grandes phases : la collecte des données, l'enregistrement des données dans les comptes et la formalisation dans les comptes de synthèse.

• *La collecte des données* relatives à l'activité de l'entreprise consiste à recueillir toutes les pièces justificatives des écritures passées en comptabilité. La plupart de ces pièces comptables concernent des opérations avec les tiers (fournisseurs, banques, salariés...) : chèques, traites, factures, quittances, bulletins de paie, etc. D'autres sont purement internes à l'entreprise et concernent les amortissements, les provisions et les régularisations diverses (on les appelle les opérations diverses, ou OD).

• *L'enregistrement de ces données numériques dans les comptes* s'effectue, selon la législation, à l'aide d'un *livre journal* (enregistrement chronologique quotidien), d'un *grand livre* et d'un *livre d'inventaire*. Le grand livre permet l'ouverture et le suivi des comptes en concordance avec les totaux des écritures du livre journal. Ils peuvent être détaillés en autant de journaux et de livres auxiliaires que l'exigent l'importance et les besoins de l'entreprise. Le livre d'inventaire fait figurer tous les éléments d'actif et de passif, avec la quantité et la valeur de chacun d'eux à la date d'inventaire (dans la pratique, ce relevé de tous les éléments du patrimoine est effectué à l'aide d'une balance détaillée et exhaustive des comptes d'actif et de passif). L'enregistrement informatique est désormais admis par le Code de commerce.

• *La formalisation des comptes annuels de synthèse* s'effectue d'abord par un regroupement des données de même nature, un classement selon une nomenclature méthodique, afin d'aboutir à une présentation suffisamment détaillée permettant de justifier le contenu des postes du bilan et du compte de résultat. Mais le plus important est constitué par les travaux de fin d'exercice qui visent à modifier les enregistrements de base. Après les opérations d'inventaire qui se déroulent matériellement au moment de la clôture de l'exercice et qui permettent de contrôler l'existence et la valeur de chaque élément du patrimoine, s'ouvre une période variant de deux mois à trois mois et demi durant laquelle les services comptables préparent « l'arrêté des comptes ». Cet arrêté ne sera formellement définitif qu'après son approbation par les instances de gestion de l'entreprise.

Au cours de cette période, les services comptables procèdent au calcul des amortissements, à la détermination des provisions et à d'autres écritures de régularisation, notamment celles résultant des problèmes de découpage de l'exercice. Ils agissent selon les instructions données par la direction générale, en particulier selon la politique d'amortissement décidée par celle-ci. De fait, cette période est caractérisée par des communications multiples entre les services comptables, la direction et les commissaires aux comptes qui peuvent aussi demander des modifications des enregistrements de base ou l'annulation de certaines modifications. De véritables négociations peuvent s'engager en vue de l'arrêté des comptes, entre les commissaires aux comptes et la direction lorsque les points de vue divergent sur les modifications à apporter.

Une direction qui refuse d'accepter le point de vue des commissaires aux comptes prend le risque d'un refus de certification des comptes ou d'une certification assortie de réserves, ce qui est gênant par rapport aux associés ou actionnaires et aux salariés. Ainsi, l'instance de gestion qui « arrête les comptes » prend souvent des décisions qui n'ont aucun caractère technique, mais qui sont guidées par ses propres objectifs en matière de publication de résultats et qui sont appréciées en fonction de la réaction prévisible des commissaires aux comptes, des actionnaires, des salariés, des milieux financiers, voire plus généralement de l'opinion publique. Cela explique que, non seulement, plusieurs ébauches de résultat (et donc de comptes) peuvent être soumises à l'arbitrage de l'instance de gestion, mais aussi que, dans certains cas, les comptes puissent donner lieu à des publications sensiblement différentes quant au résultat final. Il arrive ainsi, assez fréquemment, que la publication fournie aux actionnaires et aux salariés diffère du document remis, antérieurement, à l'administration fiscale.

III / Le fonctionnement de la comptabilité générale

La technique comptable moderne repose sur le principe de la partie double qui entraîne le strict équilibre des comptes publiés. Ceux-ci, fruits d'un système logique et cohérent, s'articulent pour présenter les flux financiers d'une période, la situation et les résultats de l'entreprise à l'issue de cette période.

1. Principe de fonctionnement d'un compte

Un compte peut se définir comme étant un cadre de classement de valeurs de même nature. Il se caractérise par son « libellé », c'est-à-dire la spécification des opérations effectuées par la société (achats, ventes...) et des moyens ou des agents concernés (banque, fournisseurs...). Mais la part d'arbitraire y est assez grande et la subjectivité du comptable qui enregistre les valeurs intervient dans le choix du classement, bien que les plans comptables, en fixant une terminologie plus ou moins précise, aient précisément pour but de réduire cette marge de liberté. On constate cependant, d'une entreprise à l'autre, que les libellés ne recouvrent pas nécessairement les mêmes réalités et que, sous le même libellé, on classe parfois des valeurs de nature différente.

Quoi qu'il en soit, le compte consigne des phénomènes de nature quantitative qui sont enregistrés de façon chiffrée. Dans la comptabilité générale moderne, le compte se présente en un tableau de chiffres en deux colonnes jointes qui permettent de distinguer clairement les entrées et les sorties d'argent, les créances et les dettes, etc.

La colonne de gauche s'intitule *débit* et la colonne de droite, *crédit*. Il est important de souligner que leur intitulé ne doit pas conduire à les assimiler à « dette » ou « créance » et que leur positionnement respectif est purement conventionnel.

L'écriture comptable (le fait de consigner un mouvement de valeur dans un compte) procède d'un double mouvement repérant par son point de départ et par son point d'arrivée le trajet de valeur. Par exemple, la relation client-fournisseur entre deux entreprises peut être représentée ainsi :

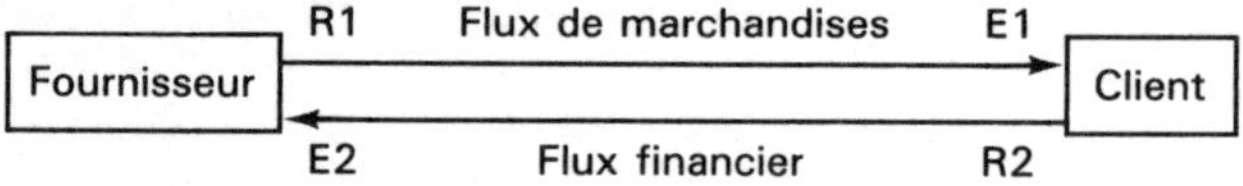

L'opération économique consiste en une transaction qui s'analyse par un échange entre un flux de marchandises et un flux financier. Chez le fournisseur, le point de départ est constitué d'une ressource (R1) qu'il met à la disposition de son client et que celui-ci va pouvoir employer pour ses besoins (E1). En retour, le client règle à son fournisseur l'approvisionnement grâce à ses ressources financières (R2) qui vont pouvoir trouver à s'employer chez celui-ci (E2). En supposant que la transaction est effectuée au comptant, en liquide, la passation des écritures est respectivement la suivante :

— *Chez le fournisseur X*, il s'agit d'une vente, dont le montant constitue une ressource : on l'inscrit au crédit du compte « ventes » ; la caisse est augmentée du montant de la vente : on l'inscrit au débit du compte « caisse ». Soit 1 000 F le montant de la transaction, on peut ainsi symboliser l'écriture dans les comptes du fournisseur X :

Caisse (de X)

Débit	Crédit
1 000	

Ventes (de X)

Débit	Crédit
	1 000

— *Chez le client Y*, il s'agit d'un achat qui constitue un emploi : on en inscrit le montant au débit du compte « achats » ; la caisse du client est diminuée de ce montant ; on l'inscrit au crédit du compte « caisse ». L'écriture dans les comptes du client Y peut être représentée ainsi :

Caisse (de Y)

Débit	Crédit
	1 000

Achats (de Y)

Débit	Crédit
1 000	

Prenons un autre exemple et supposons une opération de prêt et son remboursement. Dans un premier temps, l'opération se schématise ainsi :

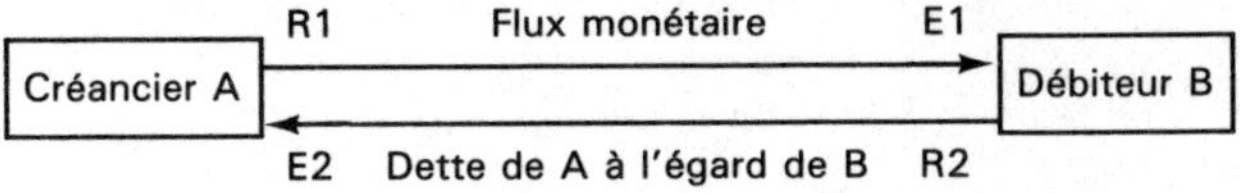

Pour le créancier A, l'origine de la somme prêtée à B est évidemment une ressource (R1) et la créance qu'il détient en échange constitue un emploi (E2). A l'inverse, *pour le débiteur B*, les fonds obtenus de A constituent, pour lui, une ressource (R2). En supposant que le montant de l'opération s'élève à 5 000 F par virement bancaire, les écritures suivantes sont passées :

— *dans les comptes du créancier A :*

Banque

Débit	Crédit
	5 000

Prêts

Débit	Crédit
5 000	

— *dans les comptes du débiteur B :*

Banque		Emprunts	
Débit	Crédit	Débit	Crédit
5 000			5 000

Dans un deuxième temps, B rembourse sa dette à A. L'opération se représente ainsi :

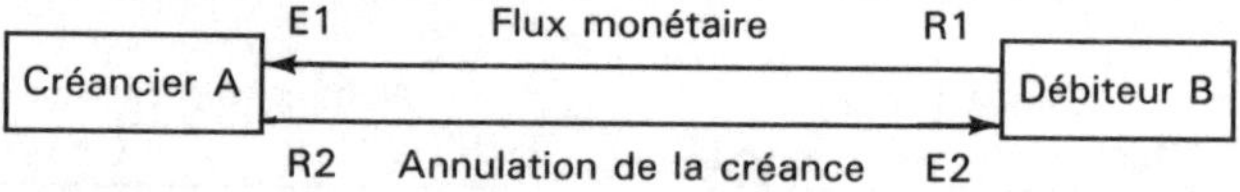

C'est, à l'évidence, l'opération inverse de la précédente. Le flux financier a pour origine les ressources de B [R1, pour qui ce remboursement constitue un emploi (E2), alors qu'il représente une ressource pour A (R2)].

Les écritures sont les suivantes (figurent entre parenthèses les montants enregistrés lors de l'octroi du prêt).

— *dans les comptes du créancier A :*

Banque		Prêts	
Débit	Crédit	Débit	Crédit
5 000	(5 000)	(5 000)	5 000

— *dans les comptes du débiteur B :*

Banque		Emprunts	
Débit	Crédit	Débit	Crédit
(5 000)	5 000	5 000	(5 000)

On observe que chaque compte présente un montant identique dans chaque colonne. Leur solde est nul. Cela illustre bien que l'ensemble de l'opération est terminée et qu'il n'y a plus ni créance, ni dette de part et d'autre.

De ces quelques exemples, on peut faire ressortir les remarques suivantes :

— dans chacune des entreprises, une opération donne lieu à une double écriture ;

— toute écriture dans un compte a nécessairement une contrepartie dans un ou plusieurs autres comptes ; à tout montant enregistré en débit correspond un montant identique en crédit (ou réciproquement) : *c'est le principe même de la comptabilité en partie double* ;

— toute ressource finance un emploi et tout emploi est financé par une ressource ;

— il y a une parfaite réciprocité des comptes entre les deux protagonistes liés par la même opération ;

— l'entreprise crédite le compte pour l'opération qui le concerne, lorsqu'il enregistre une ressource ; elle débite le compte, pour l'opération qui le concerne, lorsqu'il enregistre un emploi ;

— pour traduire chaque opération, il faut noter l'origine du flux entrant (emploi) et celle du flux sortant (ressource).

Si ces remarques sont aisées à comprendre pour des recettes (ressources = crédit) ou pour des dépenses (emplois = débit), elles le sont moins concernant les comptes de tiers (fournisseurs, clients...) et les comptes financiers (banque, caisse...). Ainsi, le non-initié a quelques difficultés à admettre qu'on « débite » le compte « caisse » ou le compte « banque » lorsqu'il y a une rentrée d'argent ou qu'on les crédite lorsqu'il y a une sortie d'argent. Cette confusion provient généralement de l'habitude née de la présentation des relevés bancaires adressés aux entreprises et aux particuliers : la banque envoie à son client la position de celui-ci dans ses livres *par rapport à elle* (il est donc créditeur s'il a déposé de l'argent et débiteur si la banque lui a accordé des avances). Mais la comptabilité d'entreprise se tient à l'envers de ces relevés bancaires : si le client de la banque est créditeur par rapport à elle, c'est donc que la banque est débitrice par rapport à lui : c'est ainsi qu'un virement bancaire en sa faveur vient, *dans ses propres comptes*, accroître la position débitrice de la banque.

L'arrêté des comptes

Lorsque l'on veut savoir, à une date donnée, le résultat des opérations enregistrées en débit et en crédit, on procède à l'arrêté du compte correspondant. On le fait, à intervalles réguliers, de manière systématique pour tous les comptes (mensuellement et, obligatoirement, chaque année). On calcule la différence entre le total des débits et le total des crédits, qui constitue le solde du compte. Ce solde est placé dans la colonne dont le total est le plus faible, de manière à réaliser l'égalité entre débit et crédit. Le solde est débiteur lorsque le compte révèle un excédent des débits sur les crédits : cela traduit un emploi net (voir encadré). Le solde est créditeur lorsque les crédits l'emportent sur les débits : cela traduit une ressource nette.

EXEMPLE DE COMPTE PRÉSENTANT UN SOLDE DÉBITEUR

Débit		*Crédit*	
Total des débits	1 200	Total des crédits	1 000
		Solde débiteur	200
Total général	1 200	Total général	1 200

EXEMPLE DE COMPTE PRÉSENTANT UN SOLDE CRÉDITEUR

Débit		*Crédit*	
Total des débits	800	Total des crédits	1 100
Solde créditeur	300		
Total général	1 100	Total général	1 100

On remarquera que :

— le solde débiteur figure dans la colonne « crédit » et inversement le solde créditeur dans la colonne débit ;

— le compte une fois soldé, les deux colonnes sont à égalité (on dit que le compte est en équilibre).

2. L'articulation des comptes

Le Plan comptable général a prévu un certain nombre de comptes codifiés, numérotés, avec pour chacun d'eux un intitulé répondant, en général, aux besoins de regroupement des opérations de l'entreprise. On peut en dénombrer plus de deux cents, mais chacun d'entre eux peut donner lieu à des subdivisions et l'entreprise peut ouvrir autant de comptes que nécessaire (pour chaque client, chaque fournisseur...). Dans les grandes entreprises, il peut exister ainsi des milliers de comptes. Ces comptes doivent néanmoins être regroupés afin de préparer la synthèse du résultat.

On distingue deux sortes de comptes : les comptes de gestion et les comptes de situation.

Les comptes de gestion mesurent le mouvement des valeurs pendant une période donnée ; ils enregistrent des flux : achats, ventes, frais de personnel, frais de gestion... Selon une optique économique, ils distinguent les ressources obtenues et les emplois effectués.

Les comptes de situation mesurent des états à une date donnée ; ils enregistrent des valeurs de « stocks » : situation de caisse, de banque, des clients, des fournisseurs, par rapport à l'État, etc. Ils indiquent les emplois et les ressources en fin de période, compte tenu des arrêtés de compte précédents.

Lorsqu'on arrête les comptes à la fin de l'exercice, on constate généralement que ce sont toujours les mêmes qui présentent un solde débiteur et toujours les mêmes qui présentent un solde créditeur.

Les entreprises établissent un tableau récapitulatif de tous les soldes des comptes ; ce tableau est appelé *balance.* Toute information étant traduite dans les comptes par deux écritures de même montant et de sens contraire, il en résulte que, pour une période donnée, la somme de tous les débits est égale à la somme de tous les crédits. La balance doit donc nécessairement être équilibrée ; s'il n'en était pas ainsi, cela signifierait qu'une erreur s'est glissée durant la passation des écritures. La balance est donc pour les services comptables un instrument essentiel de vérification d'une passation

La notion d'exercice

Les conventions comptables divisent le temps en périodes de longueur égale qui sont habituellement d'une année. Ces périodes sont dénommées *exercices comptables*. Pour la présentation officielle des comptes, une durée d'exercice inférieure ou supérieure à un an est exceptionnelle et doit être décidée par une assemblée générale extraordinaire. En France, la très grande majorité des sociétés font coïncider leur exercice comptable avec l'année civile, mais cette mesure ne présente aucun caractère obligatoire. Dans d'autres pays, les pratiques sont différentes : ainsi, aux États-Unis, la concordance de l'exercice comptable avec l'année civile est plutôt rare.

correcte des écritures. Mais elle a également le mérite de faire comprendre l'articulation des comptes et la détermination du résultat.

En effet, les comptes de synthèse présentés après l'arrêté des comptes sont une subdivision de la balance en deux tableaux :
— le *compte de résultat* qui rassemble les soldes des comptes de gestion, c'est-à-dire les variations d'emplois et de ressources au cours de l'exercice ;
— le *bilan* qui rassemble les soldes des comptes de situation et fournit ainsi l'état, à un moment donné, des emplois et des ressources.

On a aussi coutume de dire que le compte de résultat est un film qui retrace les opérations de l'entreprise durant l'exercice, alors que le bilan serait une photographie de la situation à la fin de l'exercice. La balance avec sa subdivision en comptes de gestion (pour la formation du compte de résultat) et comptes de situation (pour la formation du bilan) se présente schématiquement ainsi : (voir schéma 1).

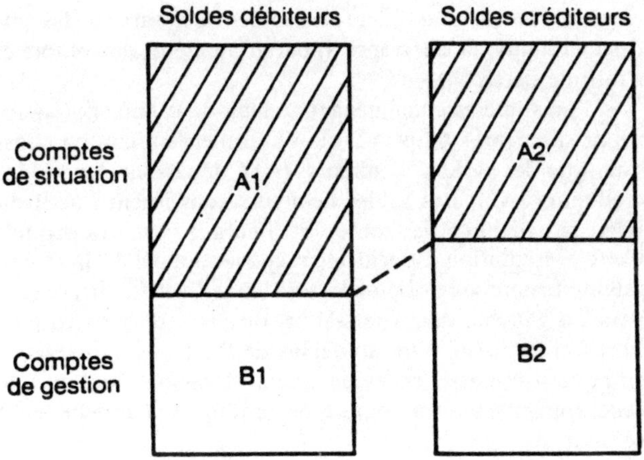

La notion de résultat

Si l'on décompose la balance, on constate (dans ce schéma) que les soldes créditeurs des comptes de gestion (B2) sont supérieurs aux soldes débiteurs (B1). La différence constitue le résultat. Dans cet exemple, cela signifie que l'exercice comptable a généré un excédent de ressources sur les emplois, qu'on appelle bénéfice et qui peut être schématisé ainsi :

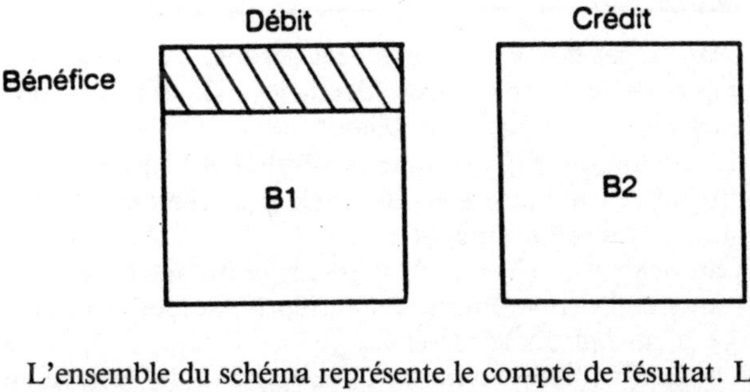

L'ensemble du schéma représente le compte de résultat. La colonne de gauche (soldes débiteurs) est appelée conventionnellement débit et la colonne de droite (soldes créditeurs) est appelée crédit. Le bénéfice figure au débit du compte de résultat ; en cas d'excédent des soldes débiteurs sur les soldes créditeurs, la différence apparaît au crédit du compte et s'intitule perte.

Si l'on s'intéresse maintenant au haut de la balance (comptes de situation : A1 et A2) qui va former le bilan, on constate que les soldes débiteurs (A1) dépassent les soldes créditeurs (A2). Les soldes débiteurs constituent l'actif du bilan (à gauche) et les soldes créditeurs le passif (à droite). Cette présentation est également conventionnelle : la comptabilité britannique originelle positionne l'actif à droite et le passif à gauche. Aux États-Unis, on place de plus en plus l'actif et le passif, l'un au-dessus de l'autre. La différence entre actif et passif est évidemment du même montant que celle apparaissant au compte de résultat et s'appelle aussi résultat.

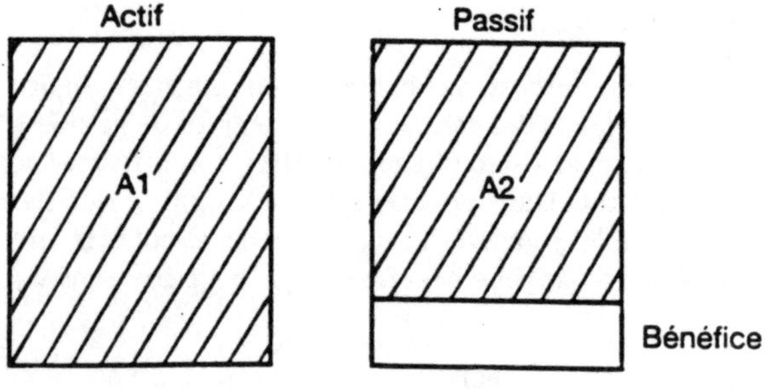

Dans le cas d'une perte (excédent des soldes créditeurs des comptes de situation sur les soldes débiteurs), celle-ci est portée en négatif au passif du bilan.

L'articulation entre compte de résultat et bilan peut également être examinée sous un angle plus économique. Le compte de résultat enregistre :

— au débit : les charges de l'entreprise durant l'exercice ;
— au crédit : les produits de l'entreprise durant l'exercice.

Le bilan fait apparaître :

— à l'actif : les avoirs de l'entreprise à la clôture de l'exercice ;
— au passif : les engagements de l'entreprise à la clôture de l'exercice.

On peut ainsi écrire l'égalité fondamentale de l
bilité générale :

Actif + Charges = Passif + Produit

ou encore :

Avoirs + Charges = Engagements + Produits

Plus précisément, on peut ainsi indiquer que les produits de l'exercice n correspondent à l'augmentation d'actif par rapport à l'actif de l'exercice n – 1 et que les charges de l'exercice n correspondent inversement à l'augmentation de passif par rapport au passif de l'exercice n – 1. Le schéma suivant illustre cette analyse, en reprenant le même exemple que précédemment (en supposant une structure patrimoniale inchangée).

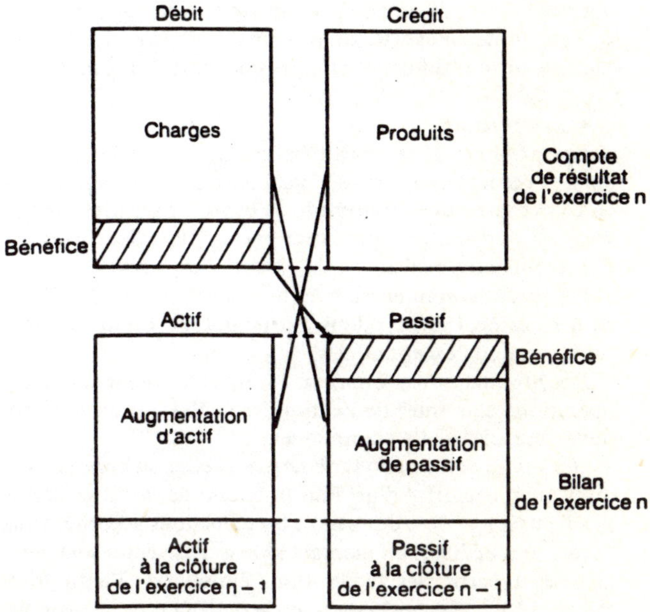

3. Le contenu des comptes de synthèse

Les comptes de synthèse sont les états financiers périodiques présentant la situation et les résultats de l'entreprise. Ils comprennent le bilan, le compte de résultat et l'annexe. En fonction de la dimension de l'entreprise, ils sont présentés selon le système de base (pour les moyennes et grandes entreprises), le système abrégé (pour les petites) ou, de manière facultative, selon le système développé qui comprend d'autres documents (notamment le tableau des soldes intermédiaires de gestion).

A) Le compte de résultat

L'objet du compte de résultat est de faire apparaître d'un côté, au crédit, les produits de l'exercice et de l'autre côté, au débit, les charges de l'exercice ; mais, de plus en plus fréquemment, la présentation se fait sous forme de liste, avec succession de catégories de produits et de charges. La différence entre produits et charges constitue le résultat.

• *Les produits*

Les produits sont constitués en grande partie par des valeurs reçues ou à recevoir par l'entreprise, généralement en contrepartie de la fourniture de biens, de services, de travaux ou d'avantages consentis ; parfois, la valeur provient d'une obligation existant à la charge d'un tiers.

Les produits sont enregistrés hors taxes et sont distingués en trois catégories : produits d'exploitation, produits financiers, produits exceptionnels.

Les produits d'exploitation. — Ils concernent les seules opérations courantes de l'entreprise (à l'exclusion des produits financiers). Ils comprennent :

— *les ventes et prestations de service :* ce qu'on appelle communément le chiffre d'affaires (montant des affaires réalisé par l'entreprise avec des tiers) ; les réductions accordées aux clients sont déduites du montant global. Les ventes sont enregistrées à partir des facturations émises par l'entreprise, même si leur montant reste à recevoir. Il faut donc bien dis-

tinguer cette notion de vente (produit) de celle de recette (argent encaissé) ;
— *la production stockée :* il s'agit de la variation des stocks de produits et d'en-cours de production ; il figure en plus lorsque la valeur du stock final (à la clôture de l'exercice) est supérieure à la valeur du stock initial (au début de l'exercice) ; il figure en moins, dans le cas contraire (cas de déstockage). La base d'évaluation de ces stocks est constituée par le coût de production moyen pondéré ou en présumant que le premier élément sorti est le premier entré (méthode FIFO). L'évaluation est déterminée à l'aide de données de la comptabilité analytique ou par des calculs statistiques. Il ne s'agit donc pas d'un prix de vente, même théorique ;
— *la production immobilisée :* elle enregistre le coût des travaux effectués par les moyens propres de l'entreprise calculé d'après les comptes de coût de production de la comptabilité analytique ou par des procédés statistiques. Il ne s'agit donc pas, là non plus, d'un prix de marché ;
— *les produits nets partiels* sur opérations à long terme : des affaires dont la durée de réalisation est supérieure à un an peuvent être enregistrées, à condition que la réalisation soit certaine et qu'il soit possible d'évaluer avec une sécurité suffisante le bénéfice global de l'opération ;
— *les subventions d'exploitation :* elles sont destinées à compenser l'insuffisance de produits d'exploitation ou à réduire certaines charges d'exploitation (par exemple : primes d'incitation à l'embauche) ;
— *les autres produits de gestion courante :* redevances pour concessions, brevets, licences, marques, procédés, revenus des immeubles non affectés aux activités professionnelles, quotes-parts de résultats réalisés par l'intermédiaire de sociétés en participation.

Les produits financiers. — Ils comprennent notamment :
— les produits de participations : revenus de titres de participation (dividendes reçus) ;
— les produits d'autres immobilisations financières : revenus de prêts ou de créances à long terme (intérêts reçus) ;
— les revenus d'autres créances (commerciales) ;

— les escomptes obtenus (auprès des fournisseurs) ;
— les gains de change (différence entre la valeur d'origine comptabilisée et le montant réellement encaissé).

Les produits exceptionnels. — Ils enregistrent les opérations qui ne sont pas liées à l'activité normale de l'entreprise. Ils comprennent essentiellement :
— les produits exceptionnels sur opérations de gestion de l'exercice : notamment dédits et pénalités sur achats et ventes, rentrées sur créances amorties, subventions d'équilibre, dégrèvements d'impôts (autres qu'impôts sur les bénéfices) ;
— les produits des cessions d'éléments d'actif : valeurs aux prix de cession des actifs vendus pendant l'exercice ;
— la quote-part des subventions d'investissement virée au résultat de l'exercice.

A cet inventaire des produits, il faut ajouter les reprises sur amortissement et provisions qui sont des produits « calculés » et seront analysées plus loin (avec les charges calculées).

• *Les charges*

Les charges sont constituées, en grande partie, des valeurs versées ou à verser, généralement en contrepartie des marchandises, approvisionnements, travaux ou services consommés par l'entreprise, ainsi que des avantages qui lui ont été consentis. Elles peuvent aussi avoir pour origine une obligation légale. Enfin, il existe les charges calculées qui ne donnent pas lieu à décaissement durant l'exercice.

Comme pour les produits, les charges sont distinguées en charges d'exploitation, charges financières et charges exceptionnelles.

Les charges d'exploitation (charges relatives à l'exploitation normale et courante de l'entreprise) comprennent :
— *les achats :* matières premières, fournitures, matières et fournitures consommables, emballages, marchandises (négoce), études, prestations de services, matériel, équipements et travaux (uniquement lorsqu'ils sont directement incorporés aux ouvrages ou produits). Les achats sont comptabilisés au vu des factures reçues (même si elles ne sont pas

encore réglées) et comprennent éventuellement les droits de douane afférents aux biens acquis. Globalement, le poste « achats » est diminué des remises, rabais et ristournes obtenus. Le petit outillage, l'eau, l'énergie et les fournitures de bureau sont comptabilisés sous la rubrique « achats » ;

— *les variations des stocks d'approvisionnements et marchandises* (matières premières, fournitures, autres approvisionnements et marchandises) : elles constituent une charge si la valeur du stock final est supérieure à la valeur du stock initial. Elles viennent en diminution des charges dans le cas contraire. La base d'évaluation est constituée par le coût d'acquisition moyen pondéré (prix d'achat et frais accessoires), déterminé à l'aide de la comptabilité analytique ou du livre d'achats, ou selon la méthode FIFO (on présume que le premier élément sorti est le premier entré) ;

— *les autres charges externes* sont scindées en deux comptes : services extérieurs et autres services extérieurs. Les services extérieurs comprennent la sous-traitance générale, les redevances de crédit-bail, les locations, les charges locatives et de copropriété, les travaux d'entretien et de réparations, les primes d'assurance, les études et recherches, la documentation.

Les autres services extérieurs comprennent : le personnel extérieur à l'entreprise (intérimaire, détaché), les rémunérations d'intermédiaires (commissions, courtages) ainsi que les honoraires, la publicité, les publications et relations publiques, les transports de biens et transports collectifs du personnel, les déplacements, missions et réceptions, les frais postaux et de télécommunications, les services bancaires et assimilés ;

— *les impôts, taxes et versements assimilés :* ce compte regroupe les versements obligatoires à l'État et aux collectivités territoriales, ainsi que ceux institués pour le financement d'actions d'intérêt économique et social. Il comprend notamment les taxes sur les salaires, d'apprentissage, de participation à la formation continue, professionnelles, foncières, sur les véhicules payées à l'administration des impôts et les versements aux autres organismes (transport, effort de construction, formation continue...). Il s'agit donc essentiellement de

prélèvements liés à l'exploitation courante de l'entreprise et on notera que cette rubrique n'inclut pas l'impôt sur les bénéfices ;
— *les charges de personnel :* elles comprennent l'ensemble des rémunérations brutes versées au personnel, communément appelé masse salariale (salaires, appointements, commissions, congés payés, primes, gratifications, indemnités...), les charges de Sécurité sociale et de prévoyance (versées aux différents organismes sociaux : URSSAF, mutuelles, caisses de retraite, ASSEDIC...) ainsi que les autres charges sociales, telles que les versements aux comités d'entreprise et aux œuvres sociales ;
— *les autres charges de gestion courante :* redevances pour concessions, brevets, licences et procédés, jetons de présence (versés aux administrateurs non salariés), pertes sur créances irrécouvrables, quotes-parts sur opérations faites en commun ;
— *les dotations aux amortissements et aux provisions :* elles sont analysées plus loin.

Les charges financières. — Elles comprennent toutes les charges d'intérêt (des emprunts et dettes, des comptes courants, des obligations cautionnées...) ainsi que les pertes sur créances liées à des participations, les escomptes accordés (aux clients), les pertes de change, les charges nettes sur cessions de valeurs mobilières.

On notera que les charges financières ne comprennent pas le remboursement des emprunts qui est un mouvement de fonds et non une charge ayant une incidence sur le résultat.

Les charges exceptionnelles (charges non liées à l'exploitation normale de l'entreprise). — Elles comprennent essentiellement :
— les charges exceptionnelles sur opérations de gestion : pénalités, amendes, dons, créances devenues irrécouvrables, subventions accordées, rappels d'impôts (autres qu'impôt sur les bénéfices) ;
— les valeurs comptables des éléments d'actif cédés.

En outre, le compte de résultat comprend en charges :
— la participation des salariés aux fruits de l'expansion ;
— les impôts sur les bénéfices ;
— l'imposition forfaitaire annuelle des sociétés.

• *Le problème des charges calculées*

Jusqu'à maintenant, nous n'avons pas analysé les *charges calculées qui sont constituées par les amortissements et les provisions* ; celles-ci ne constituent en aucune manière une sortie d'argent, mais seulement un jeu d'écriture comptable, consistant en dotations annuelles (charges) et en reprises (produits). Les dotations aux amortissements enregistrent des dépréciations durables, tandis que les dotations aux provisions enregistrent des dépréciations réversibles.

Les amortissements. — Certains biens durables ne sont pas consommés par l'entreprise au cours d'un seul exercice annuel et permettent de produire pendant plusieurs années. On considère qu'il serait anormal d'en faire supporter la dépense à l'exercice durant lequel l'achat a été effectué. Il s'agit en particulier de tous les moyens d'exploitation (bâtiments, installations, machines, matériel, etc.) dont l'entreprise est propriétaire. Le principe consiste donc à fractionner la dépense entre les exercices pendant lesquels l'immobilisation est utilisée. L'amortissement est destiné à répartir, sur une durée probable d'utilisation, la charge de ces biens dénommés en comptabilité immobilisations amortissables. L'amortissement est ainsi censé constater la dépréciation d'une immobilisation causée par l'usure ou par d'autres causes, telles que l'obsolescence (vieillissement prématuré dû aux innovations techniques). Mais il est très difficile de prévoir objectivement la durée probable d'utilisation d'une immobilisation ; c'est pourquoi les pratiques comptables s'alignent sur les dispositions fiscales qui contiennent une grande part d'arbitraire et ont un lointain rapport avec l'amortissement économique.

La dépense d'acquisition est comptabilisée à l'actif du bilan (cf. *infra*) et la valeur de cet actif est ensuite répartie entre les charges des exercices successifs. Ainsi, après la clôture de chaque exercice, l'entreprise détermine une dotation annuelle aux amortissements, qui s'ajoute aux charges d'exploitation pour la détermination du résultat et diminue la valeur résiduelle des immobilisations inscrites au bilan. Chaque bien immobilisé fait l'objet d'une dotation spécifique. La durée d'amortissement résulte, en fait, de la législation fiscale, des usages professionnels admis par le fisc, des conditions d'utilisation (un matériel fonctionnant en « continu » pourra être amorti plus rapidement) et parfois d'accords particuliers entre l'entreprise et l'administration.

La durée d'amortissement détermine un taux d'amortissement linéaire, correspondant à une fraction identique de la valeur du bien amortie chaque année (par exemple 20 % pour une durée de cinq ans). Les taux d'amortissement linéaire usuels sont de 1 à 2 % l'an pour les maisons d'habitation, de 5 % pour les bâtiments industriels, de 10 à 15 % pour le matériel fixe, de 15 à 25 % pour le matériel roulant, de 10 % pour le mobilier... Pour le calcul de la dotation annuelle, ils s'appliquent à la valeur d'acquisition du bien ou éventuellement à sa valeur réévaluée.

Mais l'entreprise a la faculté de choisir entre le système d'amortissement linéaire où l'annuité est constante, et le système dégressif, pour les biens d'équipement dont la durée d'utilisation n'est pas inférieure à trois ans et qui ne sont pas usagés. Dans ce cas, un coefficient multiplicateur est appliqué au taux d'amortissement linéaire : il est actuellement de 1,5 pour une durée d'utilisation de trois ou quatre ans, de 2 pour une durée d'utilisation de cinq ou six ans, de 2,5 pour une durée supérieure à six ans. Le taux ainsi obtenu est ensuite appliqué la première année à la valeur d'acquisition (ou réévaluée) du bien, puis à sa valeur résiduelle les années suivantes.

L'intérêt pour les entreprises est surtout fiscal, puisque la dotation aux amortissements est une charge déductible pour le calcul du bénéfice imposable. Le choix du système dégressif est intéressant pour celles qui sont bénéficiaires ou prévoient de l'être durant les premières années suivant l'investissement, car elles peuvent ainsi différer le moment du paiement d'une partie de l'impôt et bénéficier ainsi de la

TABLEAU I. — EXEMPLE COMPARÉ DES MODALITÉS DE CALCUL

Hypothèse : soit un bien amortissable acquis le 1er janvier[1] *dont le prix d'acquisition est de 10 000 F ; la durée d'amortissement est fixée à dix ans. Par conséquent, le taux linéaire est de 10 % et le taux dégressif de 25 % (10 % × 2,5).*

	Système linéaire		*Système dégressif*	
Années	Dotations annuelles aux amortissements	Valeur nette comptable (ou résiduelle)	Dotations annuelles aux amortissements	Valeur nette comptable (ou résiduelle)
1	1 000	9 000	2 500	7 500
2	1 000	8 000	1 875	5 625
3	1 000	7 000	1 406,25	4 218,75
4	1 000	6 000	1 054,69	3 164,06
5	1 000	5 000	791,02	2 373,04
6	1 000	4 000	593,26	1 779,78
7	1 000	3 000	444,95	1 334,83
8	1 000	2 000	444,95	889,88
9	1 000	1 000	444,94	444,94
10	1 000	0	444,94	0
Total cumulé	*10 000*		*10 000*	

1. En cas d'acquisition en cours d'exercice, la première annuité est réduite « prorata temporis ».

Remarques techniques : le total des dotations aux amortissements doit être égal à la valeur d'origine (ou réévaluée) de l'immobilisation ; ainsi, dans les deux cas, le bien est entièrement amorti à l'issue de la dernière année. Dans le cas des quatre dernières années, la dotation est constante, de manière à éviter que la dernière annuité ne soit supérieure aux précédentes.

Remarques de fond : dans le système dégressif la décroissance des annuités permet une rapidité d'amortissement plus grande sur les premières années (dans cet exemple, le bien est amorti à plus des deux tiers à l'issue de la quatrième année).

dépréciation monétaire. Elles peuvent même se soustraire définitivement à l'imposition si elles sont déficitaires dans les années ultérieures. En tout état de cause, le système permet une grande souplesse, car on peut toujours passer de l'un à l'autre, à la seule condition d'avoir un cumul d'amortissements au moins égal à celui qu'on aurait obtenu si le système linéaire avait toujours été appliqué ; en outre, rien n'interdit de pratiquer simultanément les deux systèmes sur des immobilisations différentes. La combinaison de ces diverses possibilités laisse donc une certaine marge de liberté à l'entreprise pour déterminer son résultat.

C'est la loi de finances, votée chaque année par le Parlement, qui fixe, pour l'année, les coefficients multiplicateurs des taux d'amortissement. Lorsqu'une politique gouvernementale vise à alléger la pression fiscale sur les entreprises, dans l'espoir d'encourager les investissements, les taux habituels peuvent être relevés d'un demi-point (ce fut le cas pour 1977 et à partir de 1985 seulement pour les matériels permettant d'économiser l'énergie). Dans le cas contraire, les taux sont réduits d'un demi-point (ce fut le cas entre le 30 juin 1974 et le 1er avril 1975). L'État dispose donc ainsi d'un discret instrument de politique économique.

La possibilité d'utiliser un système d'amortissement plus rapide a donné lieu à de nombreuses controverses entre ceux considérant qu'il s'agit de « cadeaux fiscaux » injustifiés, provoquant en outre une déformation du résultat comptable et ceux (généralement les chefs d'entreprise) qui justifient le système dégressif en montrant la nécessité pour les entreprises de se constituer rapidement des réserves afin d'assurer le renouvellement du potentiel de production, avec les matériels les plus récents et les plus performants, tout en faisant face à la hausse des prix des biens d'équipement. Néanmoins, pratiquement tout le monde s'accorde pour reconnaître que, dans ces conditions, le résultat net comptable ne présente pas une grande signification.

La loi de finances pour 1985 a cherché à atténuer quelque peu les conséquences de ce système en instituant les « amortissements dérogatoires », définis comme étant des amortissements qui ne constatent pas une dépréciation véritable (par exemple, part de l'amortissement dégressif jugée excédentaire par rapport à l'amortissement économique justifié). Ils sont réintégrés dans le résultat en fonction de la durée de vie des immobilisations. Leur constitution est cependant laissée à la libre appréciation de l'entreprise.

Les provisions. — On appelle provision la fraction de résultat mise de côté en vue de faire face, ultérieurement, soit à une dépréciation ou à la perte d'un élément de l'actif, soit à une charge qui n'est pas encore effective, mais considérée comme probable à la clôture de l'exercice. Un certain nombre de règles fiscales fixent des conditions de fond et de forme pour que les provisions puissent être appréhendées comme des charges déductibles, au même titre que tous les autres frais et les dotations aux amortissements.

Après la clôture de chaque exercice, les services comptables recensent donc les possibilités de provisions qui constitueront les dotations aux provisions de l'exercice.

Il existe trois catégories de provisions.

Les provisions pour dépréciation d'éléments d'actif. — Elles concernent les éléments d'actifs non amortissables et principalement les terrains, les titres de participation, les stocks et les créances douteuses. L'estimation est difficile, car la provision est calculée par différence entre la valeur d'entrée du bien dans l'entreprise et sa valeur vénale *actuelle* (à l'inventaire). La valeur actuelle est définie par le Plan comptable comme étant « le prix présumé qu'accepterait d'en donner un acquéreur éventuel de l'entreprise dans l'état et le lieu où se trouve ledit bien ». Si la perte est, en principe, certaine, son montant ne peut donc être connu avec précision. La dépréciation ne peut donc généralement être appréciée qu'avec une certaine approximation.

Les provisions pour risques et charges. — Elles sont destinées à couvrir des risques et des charges que des événements survenus ou en cours rendent probables (litiges, pertes sur marchés à terme, impôts, frais de grosses réparations à répartir sur plusieurs exercices, etc.). Si leur objet doit être nettement précisé, leur réalisation ne peut être qu'incertaine. La constitution de telles provisions peut prêter à discussion car, dans de nombreux cas, il s'agit, en fait, de constitution de réserves dont l'approbation n'est pas soumise aux actionnaires.

Les provisions réglementées. — Elles ne correspondent pas à l'objet normal des provisions et sont constituées en application de dispositions légales. Leur but est de soustraire à l'imposition, temporairement ou définitivement, une partie du bénéfice. Il s'agit donc de véritables facilités fiscales dont le bien-fondé économique est encore plus controversé que celui des amortissements dégressifs. Les plus répandues : la provision pour hausse des prix et la provision pour fluctuation des cours. D'autres s'appliquent uniquement à des entreprises de branches déterminées : ainsi, par exemple, celle pour reconstitution de gisements miniers et pétroliers ou la provision exceptionnelle des entreprises de presse. Les provisions réglementées ont indiscutablement un caractère de réserves pour l'entreprise.

Lorsque la raison qui a motivé la constitution d'une provision a cessé d'exister, celle-ci doit être reprise dans le résultat de l'exercice durant lequel on a constaté qu'elle était devenue sans objet. Comptablement, il s'agit de l'écriture inverse des dotations : les reprises de provisions figurent au crédit du compte de résultat (avec les produits de l'exercice, mais elles ne constituent d'aucune manière une rentrée d'argent) ; elles sont nécessaires, par exemple, lorsqu'un titre coté en Bourse a retrouvé, après une baisse, le niveau de son cours d'acquisition par l'entreprise ou lorsqu'une créance douteuse a finalement été récupérée. La reprise de provision a pour effet d'annuler au bilan la dotation aux provisions concernant l'objet pour lequel elle avait été constituée. En fait, les directions des sociétés disposent d'un certain temps pour majorer leur résultat par reprise de provisions et choisissent souvent le moment le plus opportun, en fonction du résultat qu'elles veulent faire apparaître.

Il n'est pas toujours aisé, pour un œil non exercé, de repérer rapidement les provisions dans les comptes de synthèse car elles apparaissent dans des endroits différents. Le tableau récapitulatif suivant permet de les situer plus facilement.

TABLEAU II

	Au compte de résultat de l'exercice n		*Au bilan de l'exercice n*
Nature des provisions	Dotations de l'exercice : *au débit*	Reprises de l'exercice : *au crédit*	Situation à la clôture de l'exercice (n – 1) (+ dotations-reprises de l'exercice n)
I - *Provisions pour dépréciation d'éléments d'actif*			
— immobilisations corporelles et incorporelles (terrains, licences...)	En charges d'exploitation	En produits d'exploitation	A l'actif, en diminution des valeurs brutes du bien considéré
— immobilisations financières (participations, prêts...)	En charges financières	En produits financiers	
— actifs circulants (stocks et créances)	En charges d'exploitation	En produits d'exploitation	
II - *Provisions pour risques et charges*			
— d'exploitation	En charges d'exploitation	En produits d'exploitation	Au passif
— exceptionnelles	En charges exceptionnelles	En produits exceptionnels	
III - *Provisions réglementées*	En charges exceptionnelles	En produits exceptionnels	Au passif (dans les capitaux propres)

B) Le bilan

Le bilan fournit une image de la situation patrimoniale de l'entreprise à une date donnée (la clôture de l'exercice) et situe les droits sur celle-ci. Il met en regard les engagements de l'entreprise (passif) vis-à-vis de ses actionnaires ou associés (propriétaires) et de ses divers prêteurs (banques, fournisseurs, État, organismes sociaux...) et ses avoirs (actif), composés d'immobilisations et d'actifs circulants.

On peut donc aussi considérer que le passif fournit l'inventaire des ressources dont dispose l'entreprise, et l'actif, celui des emplois qu'elle en fait. En d'autres termes, le passif indique l'origine des capitaux (argent) et l'actif leur utilisation : transformation des sommes engagées en moyens de production, matières premières, créances, trésorerie...

Les éléments du patrimoine (actifs et passifs) sont comptabilisés à la date d'entrée dans l'entreprise. La base de l'évaluation repose sur la méthode des coûts historiques :
— les biens acquis à titre onéreux sont évalués au coût d'acquisition ;
— les biens produits par l'entreprise au coût de production ;
— les biens acquis à titre gratuit selon la valeur d'utilité (prix présumé qu'accepterait d'en donner un éventuel acquéreur).

En cas d'apport, de fusion ou d'absorption, on procède par valeur d'apport, résultant de l'accord entre les parties.

A la fin de chaque exercice, l'entreprise doit contrôler, grâce à l'inventaire, l'existence et la valeur des éléments de son patrimoine. La valeur retenue est alors la valeur d'utilité ; celle-ci est établie, en fonction de la nature des biens, par référence à des prix de marché, barèmes, indices, cours, valeurs probables de négociation, etc.

La comptabilisation à la date d'arrêté des comptes s'effectue par comparaison entre la valeur d'entrée (coût historique) et la valeur d'inventaire. En vertu du principe de prudence, si la valeur d'inventaire est supérieure au coût historique, on conserve cette valeur et on n'enregistre aucune plus-value latente. En revanche, si la valeur d'inventaire est inférieure à la valeur d'entrée, c'est la valeur la plus basse qui est retenue et on doit donc procéder à une écriture de dépréciation (constitution de provision) ou amortir, en principe selon le plan prévu, pour les biens à dépréciation irréversible.

Le bilan se présente sous forme de grandes masses. Sa nouvelle présentation, due au Plan comptable de 1982, abandonne le classement par ordre de liquidité et d'exigibilité au profit d'une répartition par destination.

Au passif, on trouve :
— *les capitaux propres* qui comprennent essentiellement le capital social (constitué par les apports des actionnaires ou des associés), les réserves (accumulées depuis la création de

l'entreprise), les subventions d'investissement, les provisions réglementées, les amortissements dérogatoires et le résultat de l'exercice, si celui-ci n'a pas encore été réparti en fonction des décisions de l'assemblée générale des actionnaires ou des associés. Dans les entreprises qui ont réévalué leur bilan, figure, en outre, un poste « écarts de réévaluation » qui compense le supplément de valeur (fictif) apporté à certains actifs au moment de la réévaluation. On prêtera attention au poste « report à nouveau » qui s'assimile à des réserves, mais qui peut aussi présenter un signe négatif, provoqué par un (ou plusieurs) résultat(s) déficitaire(s) au cours des derniers exercices. En effet, lorsque le résultat est une perte, celle-ci vient obligatoirement diminuer le montant du report à nouveau ;
— *les provisions pour risques et charges* (cf. compte de résultat) : il s'agit là de la situation à la clôture de l'exercice, tenant compte de la situation à la clôture précédente et des dotations et des reprises de l'exercice écoulé ;
— *les dettes :* se répartissent en fonction de la nature des créanciers : emprunts obligataires, emprunts auprès des établissements de crédit, avances et acomptes reçus sur commandes en cours, dettes fournisseurs, dettes fiscales et sociales, dettes sur immobilisations, comptes courants d'associés, découverts bancaires... ;
— *les comptes de régularisation :* les produits constatés d'avance (résultant des opérations de rattachement à l'exercice, en fonction de la « césure », afin de respecter le principe d'indépendance des exercices).

L'actif se présente avec trois colonnes : pour chaque rubrique figure le montant brut (valeur d'origine, dite « historique », ou valeur réévaluée), le montant des amortissements et provisions (à l'exception des amortissements dérogatoires) et le montant net (différence entre montant brut et amortissements ou provisions).

Un premier sous-ensemble est constitué par les *immobilisations*, c'est-à-dire tous les biens et valeurs possédés par l'entreprise et destinés à rester, en principe, pour une durée longue, sous la même forme dans l'entreprise. On distingue :
— *les immobilisations incorporelles :* elles sont destinées à

servir à l'activité de l'entreprise. Ce sont les concessions, brevets, licences, marques, procédés, et le fonds commercial. Le Plan comptable y fait également figurer les frais d'établissement (constitution, prospection, opérations de modification juridique...) et les frais de recherche et de développement, qui ne sont pas vraiment des immobilisations, mais peuvent, dans certains cas, être amortis sur une durée inférieure à cinq ans (on les appelle « non-valeurs » ou « actifs fictifs ») ;

— *les immobilisations corporelles :* ce sont généralement les moyens d'exploitation stables de l'entreprise. Elles comprennent notamment les terrains, les constructions, les installations techniques, matériel et outillage industriels, les agencements et aménagements divers, le matériel de transport, le matériel de bureau et informatique, le mobilier, etc., ainsi que les immobilisations en cours, lorsqu'elles ne sont pas terminées ou installées.

Les immobilisations corporelles et incorporelles sont inscrites au bilan, en montant brut, pour leur valeur d'origine, c'est-à-dire le coût réel d'acquisition (en cas d'acquisition à titre onéreux), la valeur d'utilité (en cas d'acquisition à titre gratuit), la valeur d'apport (en cas d'apport par des tiers) ou le coût réel de production (en cas de création par l'entreprise). Si certaines immobilisations ont été réévaluées, elles figurent pour leur valeur réévaluée. Les immobilisations entièrement amorties, dont la valeur nette est donc nulle, continuent à figurer au bilan, tant qu'elles n'ont pas été cédées ou détruites. Bien entendu, toute immobilisation utilisée en location ou en crédit-bail ne figure pas au bilan tant qu'elle n'est pas devenue la propriété de l'entreprise ;

— *les immobilisations financières* regroupent les utilisations de capitaux à l'extérieur de l'entreprise. Elles comprennent notamment les titres de participation (actions, par exemple) qui représentent les droits de propriété sur d'autres entreprises, les obligations, les créances et prêts sur une longue durée, les dépôts et cautionnements versés. Les titres de participation figurent, en montant brut, pour leur prix d'acquisition par l'entreprise.

Pour qu'une immobilisation soit amortissable, celle-ci doit

être de nature à se déprécier avec le temps. C'est le cas de la quasi-totalité des éléments corporels, à l'exception des terrains autres que les terrains de gisement. Au contraire, les éléments incorporels et financiers ne sont généralement pas amortissables, sauf les brevets d'invention. Les immobilisations non amortissables font l'objet de provisions pour dépréciation, lorsque survient un événement, justifiant leur dépréciation.

Le second sous-ensemble de l'actif du bilan est intitulé *actif circulant*, c'est-à-dire l'ensemble des valeurs des biens et des services qui interviennent dans le cycle d'exploitation de l'entreprise. Il contient :
— *les stocks et en-cours*, comprenant les matières premières et autres approvisionnements, les en-cours de production, les produits intermédiaires et finis et les marchandises. L'évaluation du montant brut est faite à la clôture de l'exercice, au coût d'acquisition pour les approvisionnements et les marchandises, au coût de production pour les en-cours et les produits. Des provisions pour dépréciation doivent notamment être constituées lorsque le cours du jour d'un bien à la date de l'inventaire est inférieur au montant brut, ou lorsque les perspectives de vente ne sont pas favorables (articles démodés, détériorés...) ;
— *les avances et acomptes* versés sur commandes ;
— *les créances :* sur les clients, et autres débiteurs divers (État, société mère ou filiales...) ;
— *les valeurs mobilières de placement ;*
— *les disponibilités :* argent disponible sur les comptes bancaires, CCP et en caisse.

Enfin l'actif du bilan comprend les comptes de régularisation qui enregistrent les opérations de rattachement à l'exercice (dans ce cas, les charges constatées d'avance), les charges à répartir sur plusieurs exercices et les écarts de conversion (différences de valeur de créances en devises dues à des modifications de taux de change).

Le récapitulatif suivant permet de situer la nature des valeurs qui figurent à l'actif du bilan (tableau III).

En annexe du bilan, il faut signaler qu'on trouve les enga-

TABLEAU III

Rubriques	*Montant brut* (1)	*Amortissements ou provisions* (2)	*Montant net* = (1) − (2)
Immobilisations non financières (corporelles et incorporelles) amortissables	Valeurs d'origine (p.e. prix d'acquisition) ou réévaluées	Cumul des dotations annuelles aux amortissements (à l'exception des amortissements dérogatoires)	
Immobilisations non financières non amortissables	»	Provisions pour dépréciation à la date de clôture de l'exercice	Différences entre le montant brut et les amortissements ou les provisions
Immobilisations financières		»	
Titres de participation	Prix d'acquisition		
Autres immobilisations financières	Montant versé	»	
Stocks		»	
Matières premières	Coût d'acquisition	»	
Produits finis	Coût de production	»	
Créances clients	Montant des factures émises	»	

gements donnés et reçus par l'entreprise. Les engagements donnés concernent les avals, cautions, garanties accordés à des tiers, les effets de commerce circulant sous l'endos de l'entreprise, les redevances de crédit-bail restant à courir. A l'inverse, les engagements reçus présentent les avals, cautions et garanties reçus, les créances escomptées et non échues, les engagements reçus pour utilisation en crédit-bail.

C) L'annexe

L'annexe a pour but de compléter l'information fournie par les comptes de synthèse afin de donner une « image fidèle » du patrimoine, de la situation financière et des résultats de l'entreprise considérée. Il est, en effet, évident que, même pour un spécialiste, le bilan et le compte de résultat sont très insuffisants pour pouvoir se faire une opinion, fondée sur la qualité de l'entreprise.

Outre des précisions sur les règles et les méthodes comptables utilisées, indispensables à connaître, en particulier s'il y a eu des changements d'un exercice sur l'autre, l'annexe procure des informations importantes pour l'analyste extérieur à l'entreprise, notamment :

— les entrées et sorties dans l'actif immobilisé, qui permettent d'avoir une idée des mouvements d'investissement et de désinvestissement ;
— les mouvements d'amortissements et de provisions ;
— l'état des échéances des créances et des dettes qui permet de ventiler celles-ci entre échéances à court terme (moins d'un an) et échéances à moyen et long terme (plus d'un an) : indispensable pour pouvoir calculer le fonds de roulement ;
— la ventilation du chiffre d'affaires, par catégories d'activités et par marchés géographiques ;
— le tableau des affectations de résultat qui permet notamment de savoir quel montant de dividendes est proposé à la distribution.

L'annexe n'est donc pas un simple appendice aux comptes de synthèse que le lecteur, pressé ou distrait, pourrait se dispenser de consulter. Elle fait partie des documents de synthèse, à mettre sur le même plan que le bilan et le compte de résultat.

Troisième partie

La comptabilité comme pratique sociale

Dans la première partie, nous avons déjà pu entrevoir, à travers l'histoire et la géopolitique comptables, que la comptabilité était une technique aux finalités sociales profondes.

Au-delà de la constatation chiffrée des droits et des obligations qui retient l'attention des juristes, au-delà de la traduction écrite de la réalité économique de l'entreprise que perçoivent les économistes, la comptabilité répond à de multiples finalités qui sont aussi le produit de l'histoire économique et sociale.

Les acteurs, producteurs et utilisateurs de l'information comptable forment une sorte de système qui, pour fonctionner, doit trouver des procédures de validation : d'une part, la normalisation comptable et, d'autre part, la garantie offerte par les professionnels.

Si, comme nous le verrons, la comptabilité est bien un phénomène social, il n'en reste pas moins qu'elle est toujours assaillie par le doute et se demande perpétuellement si elle dit bien la vérité.

I / La comptabilité : pour quoi faire ?

La comptabilité est souvent perçue, de nos jours, comme un instrument de mesure du profit (ou, plus précisément, du résultat, ce qui n'est pas la même chose, comme nous le verrons ultérieurement), également comme un moyen de connaître et d'apprécier la situation patrimoniale et, par conséquent, comme un outil d'aide à la gestion.

En réalité, les finalités de la comptabilité sont beaucoup plus diverses et résultent de ce qu'en attendent les partenaires au cours de leurs transactions. Elles ont évolué au fil des siècles, mais au lieu de se substituer les unes aux autres, elles se sont superposées et imbriquées, rendant ainsi complexe leur perception.

On peut dire qu'à l'origine l'information comptable est un moyen de preuve, une *mémoire* des opérations réalisées entre commerçants qui ont besoin de transparence et de confiance. C'est donc essentiellement la trace d'un contrat commercial entre deux personnes. Avec l'apparition d'unités de production importantes (les manufactures), qui contraignent l'entrepreneur à recourir à la main-d'œuvre salariée et à déléguer une partie de ses prérogatives, la comptabilité devient aussi un moyen de surveillance, de contrôle interne, en particulier de l'honnêteté des employés (magasiniers, caissiers...). Il s'agit toujours de la représentation d'un contrat bilatéral, mais cette fois entre l'employeur et le salarié. Dans la seconde moitié du XIXe siècle, d'abord aux États-Unis, cette fonction de contrôle interne s'étendra à l'ensemble de l'entreprise, avec la comptabilité analytique, comme moyen de « mise sous tension » de l'organisation productive, pour déboucher, quelques décennies plus tard, sur la comptabilité de gestion et le contrôle de gestion.

Avec le développement de la grande industrie et la création des sociétés anonymes, le chef d'entreprise est, dès lors, associé à de nombreuses personnes, qui partagent les risques financiers et auxquelles il doit nécessairement *rendre des comptes* : il faut connaître le résultat pour pouvoir le partager ; on veut aussi évaluer le patrimoine. C'est ainsi qu'apparaît la fonction de reddition, et la comptabilité entre dans le cadre d'un contrat commercial multilatéral.

Nous l'avons vu déjà, en particulier depuis Colbert, la comptabilité joue un rôle de contrôle social, voire de coercition, en se rendant auxiliaire de la fiscalité. L'État, qui accroît son intervention dans l'économie au XXe siècle, exige de la comptabilité qu'elle lui apporte des informations pour mettre en œuvre la planification, construire le système de comptabilité nationale ; parallèlement, on assiste à une montée de la demande d'informations financières de la part des investisseurs potentiels et, plus généralement, du grand public.

Enfin, plus récemment, l'entreprise voit son rôle vis-à-vis de la société être mis au jour : on lui demande de plus en plus de rendre des comptes sur la manière dont elle se comporte avec son environnement (physique et social) et avec son propre personnel. On veut pouvoir évaluer non seulement ses performances financières, mais également ses performances sociales, la qualité de ses produits et de ses services... La demande émane de ses salariés, mais aussi des consommateurs, des collectivités locales, des protecteurs de la nature et, de manière générale, de l'opinion publique. La comptabilité est évidemment mise à contribution et rentre alors dans un champ de relations sociales complexes, multilatérales et multidimensionnelles.

Pour résumer, on peut dire qu'au-delà de la fonction d'aide à la gestion, perçue par tout le monde, la comptabilité a trois fonctions sociales importantes qui n'apparaissent pas explicitement :

— elle vise à apporter la confiance, à rassurer les acteurs de la vie économique : la simple transaction entre deux personnes exige déjà une confiance mutuelle ; *a fortiori*, lorsque les échanges prennent des formes complexes, il faut, par exemple, pouvoir présenter des documents qui rassurent les banquiers, les créanciers sur la santé financière de l'entreprise, sa solvabilité ainsi que sur ses performances d'exploitation ; au-delà, et bien que ce ne soit pas son objet, la comptabilité visera à accréditer l'idée d'une « bonne gestion » de la part des dirigeants ;
— elle constitue un auxiliaire du pouvoir : on l'a déjà vu en ce qui concerne l'État ; au sein de l'entreprise, l'information comptable pourra, par exemple, fournir des arguments au chef d'entreprise qui refuse des augmentations de salaires parce que les comptes sont déficitaires. D'une façon plus générale, le fait de détenir le monopole de la production comptable est un facteur de légitimitation de l'autorité patronale ;
— elle joue un rôle de médiation dans les rapports sociaux et favorise les négociations entre acteurs : instrument de référence pour la détermination d'un coût et donc d'un prix, la comptabilité est, en fait, à la source de toute négociation commerciale ; moyen de communication, langage commun accepté par tous, elle peut servir, implicitement, dans l'arbitrage des conflits. Elle apporte fondamentalement une « information relationnelle » qui doit permettre le dialogue sociétal.

Une autre façon d'envisager le problème des finalités de la comptabilité consiste à examiner son rôle en fonction ou non de ses effets. Daniel Boussard[1], professeur de gestion, distingue ainsi trois approches :
— l'approche téléologique ou utilitaire, qui prend en considération les effets économiques des choix comptables et les conséquences pour les différents acteurs économiques ;
— l'approche déontologique ou idéaliste, qui estime que la comptabilité n'a qu'à se soumettre à de grands principes et à donner la meilleure représentation possible de l'entité décrite ;

1. *Revue française de comptabilité*, n° 148 (1984).

— l'approche mixte, solution de compromis entre les deux précédentes.

Quoi qu'il en soit, tout le monde s'accorde à reconnaître que l'évolution contemporaine a accentué la finalité sociale de la comptabilité : les parties prenantes dans l'entreprise ne sont plus les seules concernées, les résultats et la situation des entreprises intéressent un ensemble toujours plus vaste d'acteurs sociaux.

II / Les acteurs

Depuis le XVe siècle, le terme « comptable » a un sens figuré voulant dire « responsable » : est comptable celui qui a des comptes à rendre.

Le jeu des acteurs tourne autour de la confrontation entre une offre, celle des producteurs de la comptabilité, et une demande, celle des utilisateurs.

1. Les producteurs

Déjà au XIXe siècle, Marx soulignant l'importance sociale de la comptabilité dans le mode de production capitaliste et ses conséquences dans la répartition du produit social, montrait que le capitaliste, dès que son entreprise atteint une certaine taille, tend à déléguer une partie de ses attributions et, pour ce faire, à rémunérer des « commis » sur une partie du produit marchandise, ainsi soustraite au processus de production et rentrant dans les frais de circulation du capital. Au XXe siècle, avec les phénomènes de croissance, de concentration et d'internationalisation des entreprises, ce type de délégation a pris une ampleur sans précédent et aujourd'hui les services comptables et de contrôle de gestion tiennent une place grandissante dans les entreprises. Ces services ont reproduit les schémas de l'« organisation scientifique du travail », propre à la grande industrie, avec la parcellisation des tâches et une pyramide hiérarchique stricte allant de l'aide-comptable au chef comptable avec de multiples échelons intermédiaires. Très souvent, et surtout dans les petites entreprises ne disposant pas de service comptable, des experts-comptables, extérieurs à l'entreprise, ou plus récemment des centres de gestion agréés assistent les dirigeants d'entreprise.

Les *experts-comptables* jouent un rôle central dans les conditions de la production comptable. Gardiens de l'orthodoxie qu'ils ont eux-mêmes contribué à façonner, jaloux de leurs prérogatives, organisés en corporation, selon un mode ordinal hérité du régime de Vichy, les experts-comptables apparaissent non seulement comme les grands prêtres du rituel comptable, mais aussi comme un groupe de pression discret et efficace. Leur fonction habituelle consiste à réviser et à apprécier les comptabilités des entreprises, à attester les comptes sociaux et à organiser les comptabilités. Ils jouent également un rôle croissant d'analystes et de conseils et disposent, de ce fait, d'une influence occulte sur les dirigeants d'entreprises, lesquels reconnaissent en eux de précieux auxiliaires.

Si des règles de normalisation existent pour la production de l'information comptable, il n'en demeure pas moins que la production directe de celle-ci relève de l'apanage des dirigeants de l'entreprise, les contrôles des tiers n'intervenant qu'après la publication des états de synthèse.

2. Les utilisateurs

Qui sont donc ces utilisateurs auxquels la production comptable est, en principe, destinée ?

Il y a d'abord tous ceux à qui l'information comptable fut, à l'origine, délivrée : *dirigeants, gestionnaires, administrateurs, associés* ou *actionnaires* de sociétés, les premiers concernés, par intérêt direct. Viennent ensuite les *créanciers* (réels ou virtuels), parmi lesquels il faut faire une place particulière à l'*État* (surtout par l'intermédiaire de l'administration fiscale) et aux organismes financiers qui ne peuvent absolument pas se passer de l'information comptable. Celle-ci tend également à être de plus en plus systématiquement diffusée aux *salariés* (tout au moins à leurs représentants) et, à travers eux, aux *organisations syndicales*.

Le cercle des utilisateurs de la comptabilité d'entreprise s'est élargi bien au-delà de ceux qui sont, de manière permanente, concernés directement par l'évolution de l'entreprise, même si en France, longtemps pays de petite industrie et de petit commerce familial, le besoin d'information des investisseurs a été plus tardif.

Qu'on pense, par exemple, aux *milieux boursiers* (agents de change, Commission des opérations de Bourse...), aux *investisseurs* de tous ordres, aux opérateurs, institutionnels ou non, qui gravitent autour des entreprises en difficulté (tribunaux de commerce, administrateurs judiciaires, « repreneurs », « redresseurs », audits, experts, conseils, liquidateurs...). Toutes ces catégories d'agents sont à la recherche des résultats comptables qui guideront leurs choix ou leurs décisions. Il y a enfin ceux qui apparaissent les plus désintéressés et dont la mission consiste simplement en l'observation des faits économiques, en l'élaboration et en la transmission des connaissances (INSEE, centrales de bilans, établissements de recherche et d'enseignement). Le rôle et l'influence de ces derniers utilisateurs sont loin d'être négligeables, parce qu'ils sont généralement les seuls à transformer les informations comptables des sociétés en données macroéconomiques et à faire prévaloir le souci du savoir au niveau national.

Si la comptabilité apparaît souvent comme un langage à clés réservé à un cercle d'initiés, on constate cependant que le nombre de ses utilisateurs va croissant ; mais le problème est que chacun d'entre eux présente des exigences différentes : le chef d'entreprise la considère comme l'un des instruments de gestion ou comme moyen de communication ; les actionnaires veulent savoir s'ils ont toujours intérêt à maintenir leur confiance dans leurs placements ; les banquiers veulent apprécier la rentabilité de l'entreprise et mesurer les risques encourus en cas de maintien et de développement de leur concours ; le fisc détermine le montant éventuel de l'impôt sur les bénéfices que l'entreprise doit acquitter ; les créanciers, et notamment les fournisseurs, veulent savoir si la solvabilité à court terme de l'entreprise leur permet de continuer sans risque leurs livraisons ; l'État, omniprésent en tant qu'agent économique, peut se retrouver dans tous les cas précédents ; les élus locaux sont préoccupés par la préservation du tissu économique de leur commune ou de leur région ; enfin, les salariés, leurs représentants au sein de l'entreprise et leurs organisations syndicales s'affranchissent de plus en plus de la dépendance à l'égard de l'information économique patronale et exigent une autonomie d'analyse des résultats comptables[1].

L'ennui, c'est que la comptabilité présente un langage unique et commun pour répondre à la diversité de ces attentes qui sont souvent contradictoires. Certaines directions et certains de leurs conseils règlent le problème en adoptant des présentations différentes, selon l'interlocuteur auquel ils s'adressent. Combien est révélateur cet extrait d'article du *Nouvel Économiste* (23 février 1981), consacré aux cabinets comptables : « Les hommes de la Fiduciaire de France, l'un des plus gros cabinets de comptabilité d'entreprise, reconnaissent qu'ils élaborent trois types de bilan pour la majorité de leurs clients. Le premier doit refléter la réalité et servir d'outil de gestion ; le deuxième, "le mieux présenté", est destiné à la banque, et le troisième, "maigre et torturé", sera envoyé au fisc. » Répondant à cet article, le président de la Fiduciaire a voulu contredire cette observation en affirmant qu'un bilan social unique était communiqué aux actionnaires et à tous tiers intéressés. Il ajoutait, toutefois, que les comptes sociaux ainsi établis « ne traduisent pas toujours le véritable résultat économique de l'entreprise » et que l'expert est donc conduit à établir, « à l'intention des responsables de gestion », un « compte d'exploitation économique » qui traduise « la marche réelle de l'entreprise ».

Ainsi, quelle ne fut pas la surprise des salariés de Lip et de Rateau lorsqu'ils découvrirent, pendant l'occupation de

---

1. Capron M. et Simon C., « Comptabilité et information des salariés », *Cahiers français*, n° 210, mars-avril 1983.

leurs entreprises, qu'il y avait effectivement dans les tiroirs de la direction, et pour la même année, trois et parfois quatre résultats comptables différents, allant de la perte au bénéfice ; le plus mauvais était généralement celui qui avait été présenté au comité d'entreprise...

Les techniciens comptables s'interrogent aujourd'hui de plus en plus sur la conformité de leurs outils aux besoins des utilisateurs, dont l'attente dépend de la place qu'ils occupent dans les rapports sociaux. Pour beaucoup, le langage comptable unique apparaît réducteur et trompeur, y compris pour ceux dont le métier consiste à le décrypter pour appréhender les réalités économiques de l'entreprise. La comptabilité n'est-elle pas en train de devenir une langue de bois qui « endort ses adeptes dans un rêve sémantique sans rapport avec la réalité » ? (selon l'heureuse formule d'un linguiste, J. Vrain, qui l'appliquait à d'autres langages). Faudra-t-il en arriver à « chacun sa comptabilité, selon ses besoins » ? Le système comptable y perdrait, sans aucun doute, sa légitimité et probablement sa crédibilité. Mais c'est peut-être le prix à payer pour garantir un véritable pluralisme de l'information économique.

III / La validation sociale du produit comptable

Les images de l'entreprise que fournit le système d'information comptable de l'entreprise n'auraient sans doute guère de crédibilité si elles ne recevaient une validation sociale fournie principalement de deux manières : en amont du processus, par l'instauration de règles de normalisation ; en aval, par la ratification des comptes apportée par des professionnels accrédités et reconnus.

1. La normalisation

La normalisation comptable existe aujourd'hui dans la plupart des pays. Chacun d'eux dispose donc d'une terminologie et de règles conduisant à une présentation identique des documents de synthèse pour toutes les entreprises. L'intérêt technique est assez évident : l'homogénéité des informations fournies facilite les comparaisons dans le temps et entre les entreprises et permet aux comptables nationaux d'effectuer les agrégations au niveau macroéconomique et méso-économique. En outre, la normalisation apporte une garantie aux tiers utilisateurs concernant la cohérence et la rigueur avec lesquelles la comptabilité a été tenue. Les principes, la terminologie, les règles de classement, tout ce qui est relatif à l'ordonnancement des comptes, sont définis par des voies différentes selon les pays.

On distingue généralement :
— les pays où les pratiques comptables sont régies par la loi, les réglements, les pratiques administratives (cas de l'Allemagne, par exemple) ;
— les pays où la profession comptable élabore les normes et réglemente les pratiques, le cas échéant en collaboration avec les milieux d'affaires et des groupes d'utilisateurs. C'est le cas des pays anglo-saxons, où, par ailleurs, il n'existe pas de plan comptable national commun à toutes les entreprises, mais seulement par secteur d'activité ;
— les pays où la normalisation résulte d'une large concertation entre les autorités publiques, les instances professionnelles et les groupes d'utilisateurs (cas notamment de la France, de la Belgique, du Japon).

En outre, l'élaboration des normes comptables a souvent opposé deux grands types d'école : celle qui préconise une démarche conceptuelle, déductive (les principes doivent être déterminés par un raisonnement et s'appliquer ensuite aux méthodes à mettre en œuvre) et celle, pragmatique ou inductive, qui préfère partir des habitudes et des traditions pour déterminer les normes.

En France, le *Plan comptable général* constitue le document fondamental de référence pour toutes les entreprises industrielles et commerciales, quels que soient leurs formes juridiques, leur branche d'activité et leur caractère public ou privé. Faisant suite à des travaux exécutés par une commission instituée par le gouvernement de Vichy en 1942, le premier Plan comptable général fut élaboré en France en 1947. Sa révision aboutit à l'adoption du Plan 1957 qui fut en vigueur jusqu'en 1983. Une autre révision, commencée en 1970, devait aboutir au Plan 1982, approuvé par arrêté ministériel du 27 avril 1982 et entré en vigueur à compter du 1er janvier 1984.

La normalisation comptable française est le résultat des travaux du *Conseil national de la comptabilité* où sont représentées toutes les parties concernées : professions de la comptabilité, organisations patronales et consulaires, confédérations syndicales de salariés, administrations et juridictions concernées, organismes publics, parapublics ou privés dont les fonctions touchent à la comptabilité (Commission des opérations de Bourse, centrale de bilans de la Banque de France...). On observera que les représentants de la puissance publique sont minoritaires au sein du Conseil. De fait, les professionnels de la comptabilité jouent le rôle essentiel dans l'élaboration des normes, mais ils doivent très souvent composer avec l'administration fiscale, étant donné les liens étroits existant entre règles comptables et fiscales. Les choix ont été malheureusement souvent dictés par des considérations purement pratiques pour le fisc, au détriment de solutions plus intéressantes pour la connaissance des entreprises et la connaissance macroéconomique. Par ses avis et recommandations fréquents, la *Commission des opérations de Bourse* (COB) intervient également de manière croissante dans la détermination des règles comptables applicables aux sociétés cotées en Bourse, avec un effet de diffusion à l'ensemble des entreprises.

Il est difficile d'apprécier les apports et le poids respectif de chacun des groupes d'acteurs ; mais il est certain que la normalisation française est plus le résultat de compromis et d'arbitrage entre de multiples partenaires ayant chacun leurs intérêts et leurs propres objectifs que le résultat d'un processus d'élaboration scientifique répondant à de stricts critères de rationalité. Mais cette observation n'est pas propre à la France : aux États-Unis, où le processus d'élaboration est plus « technocratique », un professeur américain, Abraham Briloff, arrive à des conclusions identiques : « Nombreux sont les utilisateurs et les concepteurs de comptes d'entreprises qui partent du principe que les règles comptables sont les tables de la loi. Or, ces règles et principes ne sont pas d'origine divine ; ils ne sont qu'une résultante très empirique, une sorte d'alchimie dérivée de composantes économiques, juridiques, sociologiques, mathématiques, éthiques et de communication[1]. »

1. A. Briloff, *La Troisième Colonne*, Londreys, 1982.

2. La légitimation par les professionnels

L'intervention des professionnels a pour but de rendre légitime la production comptable des entreprises, c'est-à-dire de la rendre conforme au droit, à la loi. Cela est le rôle des *commissaires aux comptes* qui sont, pour la plupart des experts-comptables.

Lorsqu'un expert-comptable ne participe pas à la production comptable d'une entreprise, il peut en être le contrôleur, en tant que commissaire aux comptes. Investi par la législation sur les sociétés commerciales d'une mission de contrôle des comptes et désigné par les actionnaires ou les associés de la société contrôlée, mais devant rester rigoureusement indépendant par rapport à celle-ci, le commissaire aux comptes dispose de pouvoirs d'investigation très étendus. Son rôle consiste à veiller à la protection des associés et des tiers de l'entreprise ainsi qu'au respect de l'égalité entre les actionnaires. Il a la charge de leur certifier, ainsi qu'au comité d'entreprise, que « les comptes annuels sont réguliers et sincères et donnent une image fidèle du résultat des opérations de l'exercice écoulé, ainsi que de la situation financière et du patrimoine de la société à la fin de cet exercice » (loi du 30 avril 1983).

A travers la mission de certification des comptes, prévue par la législation sur les sociétés, le rôle des commissaires aux comptes tend aussi à avoir une finalité d'ordre public, puisqu'ils sont également chargés de contrôler la conformité de la comptabilité de la société aux règles en vigueur et de révéler au procureur de la République les faits délictueux dont ils ont eu connaissance. Leurs prérogatives se sont encore étendues avec la loi du 1er mars 1984 relative à la prévention et au règlement amiable des difficultés des entreprises, qui leur confère un rôle essentiel dans la détection des signes de difficultés et dans la mise en œuvre de procédures d'alerte.

Experts-comptables et commissaires aux comptes jouent donc un rôle important et croissant dans la vie économique ; en contrepartie, leur profession fait l'objet d'une attention croissante et d'application de règles strictes concernant les statuts et les diligences professionnels. Ainsi, de récentes décisions de justice ont accru la mise en œuvre de la responsabilité civile et pénale[2] des experts-comptables et des commissaires aux comptes. Des règlements sévères s'appliquent dans la profession, concernant notamment les incompatibilités et les interdictions d'exercer, l'indépendance, les modalités d'exécution des missions, l'organisation pratique des travaux, l'organisation des sociétés professionnelles, la discipline...

Mais malgré le caractère souvent pointilleux de ces réglementations, qui devraient offrir les meilleures garanties, le corps des experts-comptables, dans son ensemble, est aujourd'hui inquiet de la qualité de ses travaux. Son autorité — qui justifiait le monopole d'exercice de la profession — repose, en effet, sur un a priori de compétence et de scientificité ; or ce postulat est maintenant de plus en plus discuté, compte tenu du flottement dans lequel se trouve la technique comptable. Ne pouvant répondre aux besoins différents des multiples utilisateurs, le doute grandit quant à la validité des méthodes utilisées, et les publications professionnelles se font l'écho de manière de plus en plus pressante de cette inquiétude. Bien plus, l'Ordre des experts-comptables a mis en place un contrôle de qualité des travaux de ses membres, ce qui n'est pas l'un des moindres paradoxes pour une profession farouchement attachée à l'exercice libéral du métier !

Quoi qu'il en soit, le résultat comptable sera considéré comme exact lorsqu'il est socialement acceptable, c'est-à-dire après que les procédures et les documents qui lui ont donné naissance ont été audités par les professionnels agréés qui confirment que les comptes ont bien répondu aux réglementations en vigueur et aux normes généralement admises.

De plain-pied dans le champ social, la comptabilité constitue alors un enjeu pour les acteurs économiques et sociaux.

---

2. Les condamnations peuvent atteindre cinq ans d'emprisonnement.

IV / Un phénomène de société

Au cours de son histoire, la comptabilité a vu une évolution de son objet : de technique d'enregistrement des échanges commerciaux, elle est devenue moyen de contrôle et de preuve, puis instrument de gestion, et aujourd'hui, elle constitue de plus en plus un enjeu social pour les différents acteurs sociaux.

1. Succès et essor de la comptabilité

Pour se convaincre de cette expansion, il suffit de constater la part croissante que les ouvrages spécialisés de comptabilité et de gestion prennent dans les rayons des librairies. De même, elle occupe une place importante dans les annonces des journaux par les offres d'emplois de comptabilité, d'audit et de contrôle de gestion. En matière de formation continue, la demande se porte de plus en plus vers des sessions d'apprentissage professionnel ou, simplement, d'initiation.

L'essor de la profession comptable est certainement le reflet le plus caractéristique de cette évolution. En France, le nombre de professionnels libéraux (experts-comptables et comptables agréés, ces derniers en voie de disparition) est passé de 9 349 en 1973 à 9 910 en 1983 pour atteindre 12 103 en 1990. Quant aux sociétés de comptabilité et d'expertise comptable, leur nombre est passé de 1 472 en 1973 à 3 799 en 1983 et 6 164 en 1990. Celles-ci emploient près de 100 000 salariés et réalisent un chiffre d'affaires d'environ 35 milliards de francs. Qualitativement, la profession cherche également à se développer en s'orientant vers les activités de conseil en management, jugées plus valorisantes que le travail routinier de tenue et de contrôle des comptes, qui tend, par ailleurs, à être standardisé sous l'effet de la pénétration importante des cabinets anglo-saxons.

La profession continue de bénéficier d'une bonne image de marque auprès des publics concernés et l'expertise comptable est considérée comme une profession d'avenir, comme en témoigne l'attrait croissant pour le diplôme.

Les raisons de ce succès sont à rechercher dans un besoin de rationalité rassurante, de certitude, d'objectivité, de connaissance « certaine », d'autant plus prononcé que le contexte social est marqué par l'ébranlement des certitudes les mieux établies dans le domaine de l'explication des phénomènes économiques. Sa précision et sa rigueur ont conféré à la comptabilité une aura de scientificité et ont légitimé son autorité dans et auprès des entreprises. On a là un exemple significatif de la fascination exercée par la technique, le quantifié, la mesure, qui caractérise tant nos sociétés contemporaines. En outre et parce qu'elle manipule des chiffres, la comptabilité moderne est certainement l'héritière des quêtes symboliques attachées aux nombres et à leurs supports, qui traversent de tout temps les sociétés. Son pouvoir d'attraction et de séduction ne serait donc que l'émergence contemporaine d'un trait universel de l'humanité dont les origines remontent à la nuit des temps.

Quoi qu'il en soit, la comptabilité tend aujourd'hui à envahir notre vie quotidienne : elle a largement pénétré la petite production marchande, et s'étend aux activités non marchandes. Fera-t-elle, un jour, irruption dans l'économie domestique ?

2. La comptabilité s'inscrit dans les rapports sociaux

En tant que technique la comptabilité n'est pas neutre : elle s'insère dans un système d'information économique et sociale déterminé par un faisceau d'enjeux politiques et sociaux. Bernard Colasse, professeur de comptabilité, a fort bien résumé ce propos en disant que la technique comptable est « un des outils grâce auxquels le pouvoir s'exerce dans la société et les organisations ».

La comptabilité contribue à l'ordre social, économique et organisationnel de la société. Elle est, notamment, un moyen très efficace de contrôle social. Depuis l'ordonnance de Colbert, la plupart des États modernes obligent les commerçants à tenir des livres comptables et le fisc s'appuie sur cette exigence pour exercer son pouvoir coercitif. La comptabilité d'entreprise voit constamment étendre la dimension sociale de son champ d'attributions. Elle est née dans le secteur privé, mais son champ d'application a largement gagné le secteur public (établissements publics industriels et commerciaux, hôpitaux, universités...). En plus d'une fonction rétrospective, le législateur français lui a confié (loi du 1er mars 1984) une fonction de prévention des difficultés des entreprises. L'obligation de tenir une comptabilité limitée jusqu'à maintenant aux activités commerciales tend à être imposée aux activités non marchandes (le « tiers secteur » associatif ou coopératif) et toutes les firmes possédant des filiales doivent maintenant publier les comptes consolidés de leur groupe. Instrument de diagnostic sur la situation passée de l'entreprise, on lui demande de plus en plus d'aller plus loin et de « traquer » les dysfonctionnements de l'entreprise, par la recherche des coûts nuisibles à la rentabilité de l'exploitation (coûts « cachés »).

Dans le domaine des finances locales, un projet de réforme de la comptabilité communale (élaboré en 1992) vise à mieux évaluer la situation patrimoniale de la commune et l'étendue des risques encourus par celle-ci.

Le développement de cette contrainte au service de la demande du corps social — ou, du moins, de l'État — n'est pas sans provoquer des résistances de la part de certains agents économiques. Le Mouvement « jeune notariat » soulignait, en 1985, que les petites entreprises voyaient de moins en moins d'avantages à se constituer en société : parmi les inconvénients mentionnés, figurait notamment l'obligation de recourir à un commissaire aux comptes. S'il est exact, comme l'affirment de nombreux chercheurs, que « l'économie souterraine » progresse et que la pratique des ventes sans factures est très répandue dans certaines activités, on peut également y voir la manifestation d'une résistance au contrôle social. Le cas de l'Italie est, à cet égard, très caractéristique : le retard pris dans la normalisation comptable et dans l'obligation de commissaires aux comptes pour toutes les sociétés n'est certainement pas étranger au phénomène d'une économie souterraine (clandestine), évaluée quasi officiellement à 20 % du produit national brut. Si l'État et les collectivités sont, de ce fait, privés d'une partie des recettes fiscales et sociales, certaines entreprises y gagnent en compétitivité sur le plan international et en souplesse d'adaptation aux innovations.

Ce mode de fonctionnement ne peut cependant pas être généralisé à l'ensemble d'une économie capitaliste moderne et la comptabilité financière est à la fois un instrument de rationalisation de la gestion du capital et un instrument de propagation des rapports de production capitalistes.

Un exemple significatif nous en est fourni par les transformations de l'agriculture française. La politique de modernisation menée, à grands pas, dans les années soixante et soixante-dix avec l'introduction des outils comptables dans les exploitations agricoles, et une politique massive de crédit a été un vecteur décisif de l'intégration des paysans dans des mécanismes économiques de type capitaliste. En obligeant l'exploitant et l'exploitante à tenir compte de leur temps, de leurs consommations intermédiaires, à prendre en considération les charges de la dette dans les charges d'exploitation, etc., l'outil comptable leur a fait intégrer simultanément les notions de profit et de rentabilité et toutes les préoccupations qui y sont rattachées. Le même phénomène est observable dans d'autres activités de petite production marchande, dans le tiers monde, comme dans les pays capitalistes industrialisés.

On peut se demander si le mode de production capitaliste

n'aura pas atteint son « stade suprême » lorsque la normalisation comptable aura gagné l'économie domestique, et lorsque la cellule familiale sera gérée comme une entreprise...

3. Un instrument et un enjeu de pouvoir

Comme l'écrit un auteur américain (S. Zeff) : « La comptabilité est maintenant et de façon nette un élément qui façonne l'environnement économique, social et politique. La comptabilité ne peut plus être vue comme une activité isolée et technocratique... » On commence à étudier les effets des choix effectués en matière de normalisation comptable sur les comportements des agents économiques. Cependant, en France, on commence seulement à examiner les comportements induits par les systèmes d'information. L'observation de la réalité montre pourtant clairement qu'on ne peut plus guère échapper à la comptabilité, en particulier parce que tout phénomène économique ou social est immédiatement réduit à sa traduction en termes monétaires et devient donc objet réel ou potentiel d'un traitement comptable.

Plusieurs auteurs ont soutenu que la comptabilité servait les intérêts des agents économiques qui ont la maîtrise de la mise en œuvre des moyens de production. Quelques-uns ont même estimé que, finalement, la comptabilité n'était pas un outil d'un intérêt considérable pour la gestion de l'entreprise et la prise de décisions et que, dans le système capitaliste actuel, sa fonction vise bien plus à légitimer et à conforter les pouvoirs économiques en place. Au sein de l'entreprise, cette analyse s'appuie sur le fait que l'information économique, financière et comptable est produite sous le contrôle des dirigeants qui ont également la faculté d'en maîtriser la diffusion et l'utilisation. Ainsi, ils peuvent sélectionner l'information de telle manière que les données avancées viennent soutenir la thèse qu'ils défendent. Face aux salariés, le chef d'entreprise fera, par exemple, valoir les « pertes » pour justifier des mesures de licenciement ou de compression salariale. Des documents comptables seront présentés à l'inspecteur du travail, pour le convaincre que les projets de réduction de personnel sont la seule issue possible à la survie de la société.

Prônée comme arbitre impartial, la comptabilité joue, en fait, dans ce cas devenu courant, un rôle d'alibi, permettant de justifier, *a posteriori*, les choix et les orientations prises par les dirigeants. La force de la démonstration sera d'autant plus grande que le prestige de la comptabilité, assis sur une apparence de rigueur et de précision, ne pourra pas être contesté par les non-spécialistes. Même si chaque acteur sait pertinemment que les dés sont pipés, la logique du jeu institutionnel impose à chacun de se soumettre au jeu de la « vérité comptable ».

Dans la mise en place des règles du jeu, de son contrôle et de son arbitrage, les professionnels comptables disposent d'un pouvoir spécifique considérable, à tel point qu'on peut se demander s'ils n'en sont pas les véritables maîtres. On remarquera d'ailleurs que l'origine de ce pouvoir est fort ancien et ne découle pas uniquement des tendances technicistes prédominantes de la civilisation actuelle. La symbolique des chiffres a toujours été très forte : il est donc logique que leur maniement sacralise ceux qui en sont les auteurs.

Les professionnels de la comptabilité sont en position de détenteurs d'un savoir séparé, renforcé par une compétence qui a été socialement validée.

Ce pouvoir est aujourd'hui entretenu et consolidé par des mesures exorbitantes du droit commun : monopole professionnel, limitation malthusienne d'accès à la profession (il y avait, en 1988, en France, environ 8 500 cabinets d'expertise comptable pour près de deux millions d'entreprises individuelles, un demi-million de sociétés anonymes et de SARL, sans compter les autres types de groupements), organisation ordinale et juridiction d'exception pour les membres de la profession. Non seulement la profession joue un rôle de régulation sociale, de gardien de l'ordre économique établi, mais elle tend à devenir un auxiliaire de justice, notamment dans la prévention des défaillances d'entreprises.

Mais l'expression de ce rapport social tend aujourd'hui à être modifiée. Les acteurs économiques et sociaux, non spécialistes de la comptabilité, avec en tout premier lieu, les salariés et leurs organisations syndicales, ont engagé une lutte pour la réappropriation de ce savoir. L'enjeu de pouvoir autour de l'entreprise et, de façon plus générale, autour de l'organisation et du fonctionnement de l'économie dans son ensemble, passe par le contrôle et la maîtrise de l'utilisation de l'information économique, voire de sa conception et de sa production. L'information comptable, au cœur du dispositif du système d'information économique, devient donc, en elle-même, la source et l'objet d'un enjeu social.

V / Existe-t-il une vérité comptable ?

La question de la vérité comptable ne se pose pas abstraitement ou d'une manière « ontologique ». Les implications sociales sont particulièrement importantes et parfois graves. On peut inculper et condamner un dirigeant d'entreprise pour avoir présenté un « faux bilan ». Les salariés, et notamment leurs élus, se posent constamment les questions : quelle crédibilité peut-on accorder aux chiffres présentés ? Que peut révéler la comptabilité ? Que dissimule-t-elle ? Or, nous avons déjà vu que la comptabilité d'entreprise, par ses normes et par ses méthodes, est limitée et orientée ; la réponse n'est donc pas simple et comporte plusieurs niveaux d'analyse.

1. Le problème de la représentation de la réalité économique

On attend beaucoup de la comptabilité parce qu'elle est censée apporter, d'après les termes de la législation française, une « image fidèle du patrimoine, de la situation financière et du résultat de l'entreprise ». Cette idée a été empruntée à la législation britannique qui a généré l'expression *true and fair view* (« vue exacte et loyale »). Or, cette expression n'a jamais été vraiment définie et a suscité beaucoup de commentaires critiques.

On a fait valoir qu'il pouvait exister plusieurs images

« fidèles » d'une même réalité, comme il peut exister plusieurs représentations photographiques d'un même objet selon l'angle de prise de vue, l'éclairage, la distance, etc., et qu'il faudrait, par conséquent, choisir entre ce qui apparaîtrait le plus conforme à la loi ou le plus conforme à la situation donnée. Et on a aussitôt mis l'accent sur les risques de contradiction qui pouvaient apparaître entre le respect des principes comptables et le souci de reflet de la réalité économique. On privilégiera, selon les cas, les valeurs historiques, économiquement significatives, ou des comptes fournissant des résultats socialement admissibles, ou bien encore des critères imposés par le fisc.

En outre, puisque l'on reconnaît que la comptabilité ne peut fournir qu'une représentation de la réalité, il s'agit de ne pas confondre l'image et la réalité, d'être parfaitement conscient des distances qui existent entre les deux et de ne pas se laisser prendre à de dangereuses illusions, comme en sont souvent victimes les utilisateurs, non initiés, de la comptabilité. Mais on doit aussi reconnaître que cette image crée, elle-même, une nouvelle réalité, ou tout au moins une apparence qui se donne pour réalité et qui agit sur le comportement des agents économiques et produit des effets.

Le problème de la vérité comptable ou, plus précisément, de l'adéquation de l'image comptable à la réalité économique doit s'apprécier en référence à des qualités de fidélité, d'authenticité et de validité.

La qualité de fidélité ne peut vouloir dire exactitude d'une copie ou ressemblance à un modèle, pour la raison que celui-ci n'est pas unique et dépend de la vision de chacun des acteurs sociaux. C'est donc l'autre sens du terme fidélité qu'il convient ici de retenir : image à laquelle on peut donner foi, accorder crédit.

La question de l'authenticité ne peut être examinée sur un plan ontologique, car nous avons vu que la comptabilité n'existe pas, en elle-même, mais dans des conditions sociales et historiques déterminées. L'authenticité peut renvoyer à la sincérité : un bilan pourra être déclaré faux si l'on a pu prouver l'intention de tromper. L'authenticité peut aussi renvoyer à la qualité d'un document émanant réellement de l'auteur auquel on l'attribue, d'où l'importance des signatures (notamment celles des commissaires aux comptes) qui produisent un effet d'authenticité.

L'examen des conditions de validité renvoie de nouveau aux normes et à la contradiction entre la recherche de « vérité » et la conformité aux conventions et aux règles établies, ou, en d'autres termes, entre la substance économique et le formalisme juridique. A notre sens, des documents comptables valides sont ceux qui présentent les conditions et les qualités requises pour produire les effets sociaux qu'on en attend, c'est-à-dire, pour l'essentiel, apporter ou non la confiance aux acteurs économiques, dans le but de rendre possibles et de faciliter leurs transactions. Nous avons déjà vu que la validation sociale s'obtient, d'une part, par la normalisation comptable et, d'autre part, par l'intervention des professionnels accrédités qui certifient individuellement les comptes des entreprises. Cette validation est, d'après nous, réalisée grâce à un double processus de légitimation :

— une légitimation rationnelle fondée sur la croyance en la légalité et la pertinence des règles normatives et en la compétence de ceux qui les ont établies et sont chargés de les faire appliquer ;

— une légitimation symbolique qui accompagne généralement toute production technique et qui consiste en une action fondée sur le caractère sacré de l'objet ; en l'occurrence, ici, l'utilisation du chiffre, de la mesure, du code, qui sont devenus des vecteurs mythiques de la modernité dans les sociétés contemporaines.

En vertu de cette analyse, il n'est donc pas possible de dire que la comptabilité est en mesure de délivrer *une* vérité, un message objectif. Il est donc vain de vouloir connaître, comme le font souvent certains médias, la « vraie » valeur ou le résultat « réel » d'une société lorsque plusieurs estimations sont avancées. Comme l'écrit le doyen André Cibert, il y a autant de vérités que de destinataires de l'information et dans la mesure où elle exclut le qualitatif, l'effet réducteur de toute mesure est inévitable. D'autres (Pierre Lassègue, Bernard Colasse, Daniel Boussard...) ont également admis que la comptabilité ne dit pas le « vrai » et n'est qu'un filtre permettant l'appréhension d'une réalité. Néanmoins, grâce à sa cohérence interne, qui en fait à la fois sa force et sa faiblesse, la comptabilité permet d'arriver à une vérité formelle qui repose sur ses postulats de départ : conventions, normes, règles de classification...

Ainsi, la comptabilité n'est pas le révélateur magique que d'aucuns attendent. On est souvent tenté de dire qu'elle ferait bien, comme les miroirs de Jean Cocteau, « de réfléchir avant de renvoyer les images ». A l'inverse, peut-on dire que la comptabilité assure une certaine fonction de dissimulation ? L'examen de la notion fondamentale de résultat va permettre de l'apprécier.

2. Le résultat et ses principales déformations possibles

Sur la question essentielle de l'appréciation des performances de l'entreprise, l'estimation faite à partir de son résultat comptable (dernière ligne des comptes de synthèse) peut-elle être fiable ? Le résultat est généralement considéré comme la variation de la richesse de l'entreprise induite de son activité pendant la durée d'un exercice. Une remarque préalable s'impose : la comptabilité constate la mesure d'un résultat, sans chercher à décrire les conditions dans lesquelles il a été obtenu ; elle ne fournit donc qu'incidemment des indications sur celles-ci.

Nous avons déjà pu nous rendre compte que les directions pouvaient, en jouant de toutes les possibilités fiscales légales, moduler le résultat final. Malgré la réglementation apparemment rigoureuse, les entreprises ont de grandes latitudes pour constituer des provisions qui ne sont pas déductibles fiscalement, mais diminuent le résultat présenté aux actionnaires et aux représentants des salariés. Des « oublis » de constitution de provision ou de non-reprise de provision sont aussi des moyens usuels d'« ajustement » du résultat.

Ces pratiques sont maintenant appelées très élégamment « politique comptable » ou « politique d'ajustement du résultat » ou encore « lissage du résultat ». Ce rappel est déjà une limitation importante à la fiabilité de la notion de résultat. C'est la raison pour laquelle on considère maintenant, dans les milieux professionnels, que le résultat ne peut être qu'une approximation. Si tout le monde s'accorde sur ce point, personne n'est cependant en mesure de déterminer les limites des écarts tolérables.

Mais, d'autres « manipulations », illicites cette fois, sont couramment pratiquées. Elles ne peuvent pas toujours être relevées par les commissaires aux comptes, soit parce qu'elles sont très soigneusement camouflées, soit parce qu'un usage habile de la législation en rend l'illégalité discutable. Dans tous les cas, ces pratiques conduisent à une « déformation » du résultat, qui vise généralement à rendre un bénéfice moins important, ou une perte moins conséquente. On constate ainsi, sur une longue période, un effet d'atténuation des irrégularités des résultats des entreprises. La technique de déformation consiste en une *majoration ou minoration de produits ou de charges*.

Les cas les plus connus, mais difficilement démontrables qui peuvent s'appliquer aux quatre hypothèses précédentes, sont la livraison de produits sans factures et l'artifice des prix de transfert. La première est surtout répandue dans l'artisanat et le petit commerce et se trouve immanquablement liée au phénomène du travail clandestin. Les prix de transfert, au contraire, ne peuvent se pratiquer que dans les groupes, c'est-à-dire dans un ensemble de sociétés relevant d'une même autorité. Les prix de cession de marchandises ou de services sont majorés ou minorés par rapport aux prix usuels du marché, de façon à transférer le bénéfice d'une société dans l'autre (généralement d'une société bénéficiaire à une société déficitaire) ou, dans les groupes multinationaux, d'une société implantée dans un pays à lourde fiscalité vers une société implantée dans un « paradis fiscal » (Luxembourg, Bahamas, Bermudes...). L'industrie pharmaceutique est réputée pour effectuer cette pratique entre filiales industrielles et filiales de commercialisation.

Les opérations de rattachement des produits et des charges à un exercice, en période de clôture des comptes (problème de la césure), peuvent aussi considérablement modifier les comptes et le résultat par report de certaines opérations d'un exercice sur l'autre. Par exemple, une majoration de résultat peut être obtenue par une anticipation de vente de produits qui ne seront livrés qu'après la clôture de l'exercice ; elle peut être aussi obtenue par une minoration des achats et des charges, comptabilisés sur l'exercice suivant. Une minoration du résultat sera obtenue par des opérations inverses. Certaines sociétés, notamment dans les milieux financiers, sont coutumières de l'*habillage de bilan*, consistant à passer des écritures comptables artificielles quelques jours avant la clôture des comptes, puis d'annuler ces écritures le lendemain de l'ouverture de l'exercice suivant ; le but ainsi recherché étant généralement une physionomie plus rassurante du bilan pour les tiers.

Les postes comptables se prêtant le plus à des possibilités de majoration du résultat (ou de minoration) sont les postes dont les valeurs sont appréciées en fonction du coût de revient. Même sans intention de fraude, une mauvaise connaissance des données analytiques par l'entreprise, ou tout simplement des modes de comptabilisation différents conduisent à des résultats différents. C'est le cas avec la prise en compte des produits nets partiels issus de travaux en cours d'exécution d'un contrat à long terme : le prix de vente définitif est susceptible de modification et le degré d'avancement des travaux à une date précise n'est pas aisé à déterminer (c'est le cas notamment des entreprises qui ont à l'étranger des contrats de grands travaux d'infrastructure ou des contrats d'ingénierie).

Un autre exemple est fourni par la production d'immobilisations, c'est-à-dire la construction par les moyens propres de l'entreprise de certains biens destinés à être immobilisés : les éléments du coût total sont disséminés dans différents comptes et il peut être tentant, pour une entreprise déficitaire, de gonfler artificiellement le montant de ces travaux pour limiter l'importance de ses pertes. Enfin, le problème de l'évaluation des stocks de produits finis est un sujet sur lequel la littérature comptable est intarissable car les différents modes de calcul et de comptabilisation offrent une très large palette d'appréciations contradictoires, et donc des marges de manœuvres assez grandes pour les directions des entreprises.

Au sein d'un même groupe, la vigilance à l'égard de l'estimation du résultat des différentes sociétés doit être redoublée, car les possibilités de majoration ou de minoration sont multiples. Indépendamment des prix de cessions, déjà cités, on peut mentionner toutes les surfacturations ou sous-facturations portant sur les prestations de services, les loyers, les redevances pour utilisation de brevets ou de marques, ou encore la pratique des taux d'intérêt différenciés pour une société, selon qu'elle est prêteuse ou emprunteuse. Les exemples ne manquent pas où les sociétés d'exploitation industrielle transfèrent ainsi une partie de leurs profits à leur société mère, holding du groupe. La Lainière de Roubaix avait ainsi acheté à sa filiale industrielle les brevets et marques que celle-ci exploitait ; après deux ans de paiement de redevances, elle avait récupéré le montant de son achat ! Mais l'inverse est également vrai et l'on voit parfois des sociétés mères voler au secours de leurs filiales en difficulté, en leur accordant des abandons de créances. Il y a quelques années, un très sérieux périodique économique grand public, peu vigilant, avait décerné le « ruban bleu » de la meilleure performance annuelle dans la chimie française à une entreprise en perdition, à la seule vue du rapport entre son résultat net comptable et ses capitaux propres. En fait, cette entreprise n'avait pratiquement plus de capitaux propres (absorbés par ses pertes antérieures) et son résultat comptable était artificiellement gonflé d'un abandon de créances octroyé par sa société mère qui tentait encore d'éviter l'arrêt de son activité ! Exemple caricatural certes, mais bien réel, des illusions que peut procurer le résultat comptable.

Dans les petites et moyennes entreprises, à caractère familial, l'attention se porte plus vers les virtualités de charges indues d'exploitation : frais généraux excessifs, notamment, dus à des confusions (volontaires ou involontaires) entre les dépenses privées du chef d'entreprise et de sa famille et les charges dues à l'activité spécifique de l'exploitation de l'entreprise. Il est assez fréquent que la cuisinière ou le jardinier attachés au service de la maison du chef d'entreprise soient salariés de l'entreprise, sans parler de la voiture de fonction dont dispose sa famille. L'exemple, sans doute le plus spectaculaire, est celui des frères Schlumpf qui, en quelques dizaines d'années, avaient trouvé le moyen de mettre à la charge de leurs entreprises textiles en Alsace le financement de leur hobby : la constitution, à Mulhouse, du plus grand musée mondial de voitures anciennes !

Mais gare à ceux qui dénoncent trop haut et trop fort les sociétés qui pratiquent les maquillages de comptes. Terry Smith, analyste financier de l'une des plus célèbres firmes de courtage londonienne en sait quelque chose ; il a publié en 1992, un livre, *Accounting for Growth* (« La comptabilité au service de la croissance ») dans lequel il révèle les manipulations légales d'une douzaine de compagnies cotées en Bourse et très connues, qui ont présenté leurs comptes à leurs actionnaires et au public sous un jour meilleur, en sous-estimant leur endettement et en surestimant leurs profits. Il a finalement été licencié par son employeur après avoir été suspendu de ses fonctions après la parution de son livre.

Toutes ces illustrations montrent à quel point le résultat comptable ne présente aucune signification économique et que son usage, notamment dans les ratios d'analyse financière, doit être soigneusement évité. Ce n'est malheureusement pas la pratique de la presse, des médias et de la plupart des analystes économiques qui continuent de présenter et de commenter les réussites et les difficultés des entreprises à partir des chiffres des résultats comptables (c'est le cas, en particulier, lorsqu'il s'agit d'apprécier les entreprises publiques industrielles). Quand ouvrira-t-on enfin les yeux du grand public en lui disant clairement qu'une perte (comptable) ne signifie pas nécessairement « perdre de l'argent » ?

3. Les contradictions entre la recherche d'image fidèle et l'application de quelques principes

Plusieurs auteurs ont souligné combien la recherche d'« image fidèle » pouvait entrer en contradiction avec certains principes comptables ou comment certains principes pouvaient être contradictoires entre eux. André Cibert s'est en particulier attaché à montrer la « contradiction majeure » entre le principe de prudence et le principe de continuité d'exploitation. Le principe de prudence conduit souvent à retenir des valeurs d'actif proches des valeurs vénales de liquidation, par conséquent à sous-évaluer les moyens d'activité de l'entreprise et, en gonflant les provisions pour dépréciation, à avoir un effet de minoration des résultats, alors qu'à l'inverse la comptabilisation des plus-values latentes n'est pas admise.

D'autres principes paraissent également nuire à la recherche d'une meilleure représentation de la réalité économique : ainsi le principe d'indépendance des exercices qui segmente arbitrairement le temps en séquences annuelles qui n'ont aucune raison de correspondre au rythme d'activité de l'entreprise ; le principe d'entité qui privilégie des découpages juridiques qui ne s'accordent pas nécessairement avec l'entité économique réelle.

L'exemple du problème de la prise en considération des effets de l'inflation

Nous avons vu que la méthode conventionnelle de comptabilisation retenait deux principes : l'unité de mesure retenue est la valeur monétaire nominale et l'évaluation de tout bien ou de toute dette est effectuée selon les coûts historiques. Cela conduit à additionner tant à l'actif qu'au passif des unités monétaires datant de différentes époques (monnaie « courante ») et, en période d'inflation, ne possédant pas le même pouvoir d'achat.

Vouloir, à partir de ces valeurs, tirer des enseignements sur la situation de l'entreprise, en mettant en rapport certaines grandes masses du bilan, en particulier entre le haut et le bas, relève alors d'un exercice périlleux ou purement conventionnel. Tant en France qu'à l'étranger, la littérature comptable relative aux problèmes posés par l'inflation est abondante, mais aucune solution définitive n'a pu être trouvée. Les comptabilités anglo-saxonnes ont été les premières, surtout depuis 1975, à se préoccuper de trouver des remèdes appropriés.

En France, depuis la fin des années soixante, le patronat

n'a cessé de réclamer une *réévaluation* légale des actifs immobilisés, arguant principalement du fait que la sous-évaluation de la valeur des moyens de production des entreprises donnait aux banquiers et aux créanciers une vision pessimiste, les incitant à accorder les prêts de façon parcimonieuse. Il s'est très longtemps heurté à l'administration des finances qui traduisait réévaluation des bilans par manque à gagner pour les recettes fiscales de l'État (une réévaluation des immobilisations entraîne, en effet, une charge d'amortissement supplémentaire qui, si elle est fiscalement déductible, diminue le résultat imposable et donc l'impôt sur les bénéfices). Finalement, les lois de finances pour 1977 et 1978 ont introduit la réévaluation des bilans pour les sociétés cotées en Bourse et leurs filiales, mais n'ont pas autorisé la déduction fiscale de la charge supplémentaire d'amortissement.

Même après une réévaluation, qui reste une mesure ponctuelle, plus le temps passe et plus l'analyste financier se trouve confronté aux mêmes problèmes concernant la mesure de la rentabilité (difficulté la plus souvent évoquée). En effet, la situation inflationniste est plus complexe qu'une hausse générale des prix : les hausses sont différenciées selon les biens et surtout les dettes et les créances, en vertu du Code civil, restent à leur valeur nominale. On oublie trop souvent que l'endettement, en période d'inflation, présente des avantages financiers incontestables qui ne sont pas chiffrés par la comptabilité.

Plusieurs méthodes cherchent à pallier ces insuffisances. Celles dites de conversion, dont l'objectif est de présenter les comptes en monnaie constante, font apparaître des gains sur endettement. Mais la question se pose alors de savoir si ces gains doivent être inclus (ou non) dans le résultat. Des méthodes d'évaluation comptabilisent des valeurs de remplacement en monnaie nominale (valeur courante). Le calcul du résultat pose également problème car il faut introduire une estimation des charges en coût du moment où les produits sont cédés. Une méthode combinant les deux premières, théoriquement plus riche, aboutit à une complexité qui rend l'information comptable difficilement « lisible ». Le débat et les recherches restent donc largement ouverts, mais toute solution visant à corriger les distorsions nées des effets de l'inflation n'échappe pas aux contingences culturelles, politiques et sociales.

4. Le manque de rigueur de l'information comptable et financière

Dans son rapport annuel au président de la République en mai 1992, la Commission des opérations de Bourse dénonçait un certain nombre de sociétés cotées dont la qualité des informations délivrées au public manquait de rigueur. Elle visait en particulier « les secteurs affectés par une variation conjoncturelle [qui] peuvent avoir à fuir dans l'absence d'information ou dans l'information inexacte dans l'attente du moment où leur situation s'améliorera. C'est ainsi que des communiqués relativement optimistes des dirigeants ont été suivis à un mois d'intervalle par l'annonce de pertes importantes ou même du dépôt de bilan ».

Même si ce genre de faits ne concernent qu'un nombre limité de sociétés, la question du choix de présentation des informations comptables et financières diffusées aux actionnaires, aux salariés et aux tiers, se pose à toutes les sociétés.

En effet, face aux différentes solutions que leur offrent, en particulier, les possibilités fiscales, les directions d'entreprise doivent, avant l'arrêté définitif des comptes, effectuer des choix entre des contraintes contradictoires et les intérêts qui en résultent. Il leur faut notamment anticiper les comportements prévisibles des différents « partenaires » de l'entreprise.

La première préoccupation est généralement d'ordre fiscal : pour ne pas avoir d'ennuis avec le fisc, on aura tendance à décider des choix comptables en fonction des possibilités de choix fiscal ; mais, parallèlement, pour payer le moins d'impôts possible, on s'efforcera, par exemple, d'accroître les charges déductibles afin de réduire au maximum le bénéfice fiscal, voire d'induire une perte fiscale reportable sur d'autres exercices ; c'est ce que les spécialistes appellent une « stratégie d'óptimisation fiscale ». Cette pratique ne peut cependant être reproduite systématiquement à chaque exercice, car elle risquerait d'éveiller les soupçons du fisc et de provoquer prématurément un contrôle fiscal qui n'a lieu, en moyenne, que tous les huit ou neuf ans.

Il faut tenir compte de l'attitude des actionnaires qui sont surtout attentifs au montant du bénéfice (comptable), car c'est à partir de ce bénéfice que pourront leur être versés des dividendes ; or, une société qui ne distribue jamais ou rarement des dividendes perd la confiance de ses actionnaires et ceux-ci cherchent alors à se désengager. Les dirigeants avisés adopteront une politique de distribution de dividendes visant à étaler dans le temps le potentiel à répartir.

Les intérêts propres des dirigeants peuvent, eux-mêmes, être contradictoires : vis-à-vis des salariés, ils auront tendance à vouloir réduire le bénéfice, voire à présenter une perte de manière à pouvoir calmer les ardeurs revendicatives ou à pouvoir justifier des mesures de compression de personnel ; mais si, simultanément, ils ont besoin d'un prêt bancaire, ils doivent être en mesure de présenter une situation financière saine et des résultats d'exploitation performants pour convaincre l'organisme financier de leur accorder ce prêt. En général, les managers d'entreprise qui ne sont pas de gros actionnaires souhaitent dégager un résultat confortable, distribuer relativement peu de dividendes et conserver le maximum de ressources financières propres en vue de développer l'entreprise.

La décision finale, appartenant aux organes statutaires de gestion, sera soit un savant dosage entre ces divers intérêts contradictoires, soit un choix délibéré pour l'un d'entre eux, en fonction de l'opportunité ou de l'urgence du moment.

Dans une étude réalisée en vue d'un congrès commun tenu en octobre 1989, l'Ordre des experts-comptables et la Compagnie des commissaires aux comptes concluaient que si les utilisateurs d'informations normalisées sont satisfaits, en revanche, les demandeurs d'informations personnalisées ne le sont pas. Il est en effet particulièrement difficile de concilier, dans un document unique de présentation des résultats, des exigences qui relèvent de stratégies différentes et souvent contradictoires.

5. Une question récurrente : quel est le bon indicateur du profit ?

Cette question est au centre des objectifs et des préoccupations de la comptabilité. Nous avons pourtant vu que bien des aspects conventionnels masquaient en fait la mesure du profit. Si pratiquement tout le monde s'accorde pour reconnaître que le résultat ne peut être un indice du profit, des polémiques assez passionnées se développent lorsqu'il s'agit de savoir comment on peut le calculer à partir des données comptables. L'enjeu social et politique est de taille, car les différentes catégories d'agents économiques veulent connaître l'origine du profit et comment il se répartit. L'accord est général pour considérer que le profit est un solde lorsqu'on soustrait la somme de certaines charges de la somme de certains produits ; mais le problème est de savoir quels types de charges et quels types de produits doivent être retenus pour effectuer ce calcul.

Il faut reconnaître que la science économique n'éclaire pas de manière satisfaisante le problème parce que les concepts de profit sont souvent flous ou complexes. De plus, la transposition littérale de notions conçues pour une démonstration théorique macroéconomique n'est guère possible dans le concret microéconomique que constitue l'entreprise. En effet, celle-ci est soumise, lors de la formation de ses prix de production, à des mouvements de transferts de valeur qui se répercutent au travers de ses prix de vente et d'achat. Ainsi, une partie de la valeur créée (et par conséquent du profit) échappe à certaines sociétés par le seul jeu des mécanismes du marché ; d'autres, au contraire, accaparent ce que les précédentes ont dû laisser échapper.

Dans ces conditions, il faut d'abord *se garder de n'utiliser qu'une seule notion de profit*. En effet, l'entreprise dégage une certaine masse de profits (bruts), mais celle-ci se trouve amputée de différents prélèvements financiers : rémunération des prêteurs de capitaux, ponction fiscale de l'État, « rémunération » éventuelle des actionnaires, etc.

Pour la partie du profit restant dans la firme, qui constitue ses ressources propres et qu'on appelle *autofinancement*, une méthode relativement simple consiste à déduire les charges des produits, à l'exception des charges calculées et en reprenant les produits calculés ; ce qui, en calculant par le bas du compte de résultat, donne la formule suivante :

Autofinancement = Résultat + Dotations aux amortissements + Dotations aux provisions – Reprises de provisions

Mais il existe bien d'autres définitions de l'autofinancement. Celle-ci peut être critiquée et jugée trop extensive. La conception la plus restrictive consiste à n'ajouter au résultat que les dotations aux amortissements : c'est la définition admise par la majorité du patronat. D'autres, tels que les analystes financiers dans les banques, adoptent une solution médiane, consistant à ajouter au résultat et aux amortissements, uniquement les provisions ayant un caractère de réserve ; mais on peut aussi discuter à l'infini les critères de sélection entre les provisions ayant le caractère de réserves et celles qui ne l'ont pas. Bien d'autres variantes techniques sont possibles.

Quel que soit le degré d'extensivité de la notion d'autofinancement, celle-ci subit d'autres critiques quant à sa capacité de refléter le montant du profit dégagé. Une série d'objections porte sur la non-prise en compte du renouvellement à l'identique des immobilisations. A l'autofinancement (brut) devraient être soustraites les sommes nécessaires à la reconstitution de la partie du capital consommée au cours de l'exercice ; cela revient à calculer un véritable montant d'amortissement économique et nous en avons déjà souligné les difficultés. D'autres critiques estiment, au contraire, que la notion d'autofinancement, telle que la présentent les différents modes de calcul précédents, escamote des profits dissimulés dans certains postes de charges : « sursalaires » de dirigeants, loyers, redevances, jetons de présence... On peut aussi considérer que certaines charges sont, en fait, du profit transféré à d'autres entreprises (publicité, assurances, honoraires d'intermédiaires...), au même titre que les charges financières sont une part du profit d'exploitation transférée aux organismes financiers.

Il est probablement vain de vouloir rechercher une appréhension satisfaisante et admissible par tous du profit de l'entreprise. Le mérite de l'autofinancement brut, après déduction des dividendes versés, est cependant d'indiquer le montant des ressources financières que la société a pu conserver pour ses besoins propres.

A la question initialement posée en tête de ce chapitre : « Existe-t-il une vérité comptable ? », on peut assurément répondre par la négative. Mais peut-être peut-on aussi répondre, à la façon de Pirandello : « A chacun sa vérité. »

Conclusion

Confrontée à un environnement économique qui se transforme rapidement et dans lequel les rapports sociaux sont mouvants, la comptabilité se révèle être dans une situation de plus en plus difficile pour répondre à toutes les fonctions qui lui sont assignées : moyen juridique de preuve, instrument de contrôle et de reddition, outil économique de gestion, élément d'arbitrage entre les agents économiques. La comptabilité n'est donc pas seulement un outil, c'est aussi un phénomène social qui est traversé par les contradictions de la société et est devenu un enjeu pour les différents acteurs sociaux, chacun cherchant à en tirer parti selon ses propres intérêts. Le produit qu'elle fournit ne peut être que le résultat d'un compromis entre des attentes et des exigences multiples. Elle ne satisfait donc pas pleinement tous les demandeurs, ce qui, malgré tout, n'a jusqu'à maintenant altéré ni son prestige ni son autorité.

La comptabilité est marquée par l'entreprise, lieu dans lequel elle est produite et prend sa forme définitive. Parties prenantes internes à l'entreprise ou tiers extérieurs attendent donc une information qui permette d'en apprécier les résultats et la situation. Même si les réponses sont jugées insuffisantes ou insatisfaisantes, selon les positions respectives des utilisateurs, la comptabilité parvient à répondre à certaines interrogations relatives à l'évaluation patrimoniale, à la rentabilité des capitaux investis, aux risques d'insolvabilité, aux flux financiers qui traversent l'entreprise, etc. Mais, à un autre niveau d'analyse, elle n'apporte pas de réponses, parce qu'il y a des questions qu'elle ne se pose pas. Ainsi, la comptabilité peut nous renseigner sur les différents niveaux de profits, comment ceux-ci se répartissent et ce que l'entreprise conserve pour elle-même, mais elle ne peut informer sur la formation des prix et les rapports de force entre les entreprises sur les marchés qui ont déterminé le montant du profit auquel chacune d'elle est parvenue. La démarche même de la comptabilité lui interdit de saisir l'essence des phénomènes économiques et des rapports de production : la seule source créatrice de valeur, la force de travail, y est considérée comme une charge.

Néanmoins, chacune des parties concernées par l'entreprise ne peut se dispenser d'avoir recours à l'information comptable car c'est la seule source qui puisse fournir la traduction de son activité et de sa situation, à partir des flux et des masses monétaires qui, pour une période donnée, l'ont concernée. Ainsi, même si chacun sait pertinemment que cette connaissance est imparfaite et parfois trompeuse, chacun ne peut que jouer, bon gré, mal gré, le jeu de son utilisation.

Son devenir est, en grande partie, mais pas uniquement, lié à celui de l'entreprise dont les responsabilités sociales grandissent. Déjà, on demande à la comptabilité de saisir les opérations des activités non marchandes ; la diversification des finalités des entreprises va tendre à exiger d'elle la mise en œuvre de nouvelles méthodes d'enregistrement et d'analyse pour évaluer des objets jusqu'ici négligés ou ignorés : aspects sociaux, environnementaux... Son avenir est aussi fonction de l'évolution de l'organisation sociale : au-delà de l'entreprise, la société requiert l'évaluation de ses besoins et ressources, naturels et humains. Demain, par exemple, l'activité domestique des ménages fera, peut-être, partie de ses préoccupations. Tous ces champs nouveaux d'investigation ne manqueront pas d'agir sur la conception du système comptable.

L'évolution du système comptable est enfin liée à celle de la technique : l'outil informatique va permettre d'enregistrer des quantités gigantesques de données et de les combiner selon les modes les plus variés et les plus complexes : la possibilité sera bientôt offerte d'établir des états financiers différents élaborés selon des critères d'évaluation distincts. Cela permettra de déboucher sur des appréciations multiples rendant compte des différents aspects de la réalité économique. La technique comptable apportera ainsi sa pierre à la construction de la démocratie économique.

Bibliographie

Première partie

ANGUIS E., « L'information comptable et financière » (au Japon), *Revue française de gestion*, n°s 27-28, septembre-octobre 1980.

ASSOCIATION FRANÇAISE DE COMPTABILITÉ, *Systèmes comptables comparés*, Actes du dixième congrès, Reims, 1989.

CAUSSE G., « Système comptable et environnement socio-économique », *in Principes comptables et information financière*, Ed. Comptables Malesherbes, 1988.

CCEET, *La Réforme comptable dans les pays d'Europe centrale et orientale*, OCDE, 1991.

FOURASTIÉ J., *La Comptabilité*, PUF, « Que sais-je », Paris, 1984.

IASC, « Cadre conceptuel de préparation et de présentation des états financiers », *Revue française de comptabilité*, n° 191, juin 1988.

IFRAH G., *Histoire universelle des chiffres*, Seghers, Paris, 1981.

ORDRE DES EXPERTS-COMPTABLES ET COMPTABLES AGRÉÉS, *Comptabilité et prospective*, Ed. Comptables Malesherbes, 1984.

PILVERDIER-LATREYTE J., *Analyse des états financiers américains*, Economica, Paris, 1989.

REY F., *Développements récents de la comptabilité*, Éditions du CNRS et Entreprise moderne d'édition, Paris, 1979.
VLAEMMINCK J.H., *Histoire et doctrines de la comptabilité*, Pragnos, 1979.
XXX, *Harmonisation des normes comptables, Réalisations et perspectives*, OCDE, 1986.

Deuxième partie

BURLAUD A. et SIMON C., *Coûts/contrôle*, Vuibert, 1985.
CIBERT A., *Comptabilité générale*, Dunod, Paris, 1983.
CLAVERANNE J.-P. et DARNE J., *Comptabilité et entreprise*, Economica, Paris, 1984.
COLASSE B., *Comptabilité générale*, Economica, Paris, 1991.
CONSEIL NATIONAL DE LA COMPTABILITÉ, *Plan comptable général*, Imprimerie nationale, Paris, 1983.
EVRAERT S. et MEVELLEC P., « Calcul des coûts : il faut dépasser les méthodes traditionnelles », *Revue française de gestion*, mars-avril-mai 1990.
HELFER J.-P., *Comptabilité générale*, Vuibert, Paris, 1987.
LASSÈGUE, *Gestion de l'entreprise et comptabilité*, Dalloz, Paris, 1988.
MALO J.-L., *Comptabilité générale*, Eyrolles, Paris, 1992.
MARQUESE, *Comptabilité générale*, Nathan, Paris, 1985.
PEROCHON C., *Comptabilité générale*, Foucher, Paris, 1986.
RICHARD J., SIMONS P. et BAILLY J.-M., *Comptabilité et analyse financière des groupes*, Economica, Paris, 1987.
TELLER R., *Comptabilité générale de l'entreprise*, Sirey, Paris, 1987.
XXX, « Entreprise et comptabilité », *Cahiers français*, n° 210, mars-avril 1983.
XXX, *Principes comptables et information financière*, Ed. Comptables Malesherbes, 1988.

Troisième partie

ASSOCIATION FRANÇAISE DE COMPTABILITÉ, *Comptabilité et acteurs sociaux*, Actes du troisième congrès, Paris, 1982.

BOUSSARD D., *Comptabilité et inflation*, Masson, Paris, 1983.

BRILOFF A., *La Troisième Colonne: la face cachée de la comptabilité des entreprises*, Londreys, 1982.

CAPRON M., *Les Performances de l'entreprise; pertinence et limites des moyens d'évaluation*, thèse de doctorat de sciences de gestion, université Paris-Val-de-Marne, 1989.

CAPRON M., « La comptabilité : faut-il y croire pour avoir confiance ? », *Gérer et comprendre*, n° 21, décembre 1990.

CASTA J.-F., « La comptabilité et ses utilisateurs », *in* JOFFRE P. et SIMON Y., *Encyclopédie de gestion*, tome 1, Economica, Paris, 1989.

CIBERT A., « Questions sur la comptabilité », *Cahiers français*, n° 210, mars-avril 1983.

MATT J.-M. et MIKOL A., « L'image fidèle, la doctrine et la loi », *Revue française de comptabilité*, n° 174, décembre 1986.

SCHEID J.-C. et STANDISH P., « La normalisation comptable : sa perception dans le monde anglophone et en France », *Revue française de comptabilité*, n° 201, mai 1989.

SIMON C., « Quelle est la fonction sociale de la comptabilité ? », *Actes du 3e congrès de l'AFC*, 1982.

XXX, *Les Enjeux de la comptabilité*, Ed. Comptables Malesherbes et CNCC Edition, 1989.

XXX, « L'avenir de la normalisation comptable à la française », *Cahier du CREFIGE*, n° 9201, université Paris-Dauphine, 1991.

Pour approfondir et se tenir au courant

Plusieurs revues spécialisées méritent d'être consultées régulièrement, car elles publient fréquemment des articles faisant état des dernières recherches, des débats et des interrogations des universitaires comme des professionnels : notamment, la *Revue française de comptabilité*, revue de l'ordre des experts-comptables, *Analyse financière*, la *Revue française de gestion* et *Gérer et comprendre*.

L'*Association française de comptabilité* organise, depuis 1980, un congrès annuel d'où est issue une publication, dans laquelle on trouve toutes les dernières contributions à la recherche comptable en France. Les membres de cette association, universitaires et professionnels, contribuent largement à alimenter la réflexion sur la comptabilité.

Table

Introduction 3

I / HISTOIRE ET GÉOPOLITIQUE COMPTABLES

I / La comptabilité est une histoire 9

1. Du comptage préhistorique aux banques antiques 9
2. La partie simple au Moyen Age 11
3. Naissance et genèse de la partie double 12
4. Partie double et capitalisme 15
5. Les Temps modernes et la révolution industrielle 16
6. Les développements contemporains 17

II / Besoin universel, mais conventions spécifiques 19

1. Le plan comptable des pays africains francophones : les prolongements de la domination coloniale 20
2. Europe centrale et orientale : les problèmes d'une réforme comptable dans une perspective de transition à l'économie de marché 21
3. La Chine populaire : la partie double entre les lignes 23
4. Le Japon : tout pour la croissance ! 24

III / L'internationalisation de la comptabilité : vers quelle harmonisation ? 26

II / LES FONDEMENTS DE LA COMPTABILITÉ D'ENTREPRISE

I / Les différentes formes de comptabilité d'entreprise et leurs limites 33
1. La comptabilité générale 33
2. La comptabilité analytique 36
3. Les comptes consolidés 39
4. Les comptes prévisionnels 40

II / Le mode de production 42
1. Les grands principes de la comptabilité générale 42
2. La fabrication 44

III / Le fonctionnement de la comptabilité générale 47
1. Principe de fonctionnement d'un compte 47
2. L'articulation des comptes 53
3. Le contenu des comptes de synthèse 58

III / LA COMPTABILITÉ COMME PRATIQUE SOCIALE

I / La comptabilité : pour quoi faire ? 79

II / Les acteurs 83
1. Les producteurs 83
2. Les utilisateurs 84

III / La validation sociale du produit comptable .. 88
1. La normalisation 88
2. La légitimation par les professionnels 91

IV / Un phénomène de société 93
1. Succès et essor de la comptabilité 93
2. La comptabilité s'inscrit dans les rapports sociaux 95
3. Un instrument et un enjeu de pouvoir 97

V / Existe-t-il une vérité comptable ? 100
1. Le problème de la représentation de la réalité économique 100
2. Le résultat et ses principales déformations possibles 103
3. Les contradictions entre la recherche d'image fidèle et l'application de quelques principes .. 107
4. Le manque de rigueur de l'information comptable et financière 110
5. Une question récurrente : quel est le bon indicateur du profit ? 112

Conclusion 115

Bibliographie 118

LA COLLECTION "REPÈRES"

L'analyse de la conjoncture, n° 90, Jean-Pierre Cling.
Les associations, n° 25, Solange Passaris et Guy Raffi.
Les banques, n° 21, Claude J. Simon.
Les biotechnologies, n° 61, Chantal Ducos et Pierre-Benoît Joly.
La Bourse, n° 4, Michel Durand.
Le budget de l'État, n° 33, Maurice Baslé.
La bureautique, n° 2, Éric Verdier.
Le calcul économique, n° 89, Bernard Walliser.
Le capitalisme historique, n° 29, Immanuel Wallerstein.
Les catégories socioprofessionnelles, n° 62, Alain Desrosières et Laurent Thévenot.
Les cheminots, n° 18, Georges Ribeill.
Le chômage, n° 22, Jacques Freyssinet.
Le commerce extérieur de la France, n° 71, Françoise Milewski.
Le commerce international, n° 65, Michel Rainelli.
Le comportement électoral des Français, n° 41, Colette Ysmal.
La comptabilité, n° 37, Michel Capron.
La comptabilité nationale, n° 57, Jean-Paul Piriou.
La comptabilité en perspective, n° 119, Michel Capron.
La consommation des Français, n° 67, Nicolas Herpin et Daniel Verger.
Les coopératives de production, n° 20, Danièle Demoustier.
Le Crédit agricole, n° 31, André Gueslin.
La crise dans les pays de l'Est, n° 24, Marcel Drach.
La décentralisation, n° 44, Xavier Greffe.
La démographie, n° 105, Jacques Vallin.
La dette du tiers monde, n° 19, Pascal Arnaud.
Le dollar, n° 36, Monique Fouet.
L'économie de l'Afrique, n° 117, Philippe Hugon.
L'économie des armes, n° 3, Jacques Fontanel.
L'économie britannique depuis 1945, n° 111, Véronique Riches.
L'économie chinoise, n° 39, Françoise Lemoine.
L'économie des États-Unis, n° 80, Monique Fouet.
L'économie mondiale, n° 52, Denis Auvers.
L'économie mondiale 1993, n° 112, CEPII.
L'économie mondiale de l'énergie, n° 88, Jean-Marie Martin.
L'économie mondiale des matières premières, n° 76, Pierre-Noël Giraud.
L'économie néo-classique, n° 73, Bernard Guerrien.
L'économie des organisations, n° 86, Claude Ménard.
L'économie de la RFA, n° 77, Magali Demotes-Mainard.
L'économie des services, n° 113. Jean Gadrey.
L'économie de l'URSS, n° 58, Gérard Duchêne.
L'emploi en France, n° 68, Dominique Gambier et Michel Vernières.
L'ergonomie, n° 43, Maurice de Montmollin.
L'Europe, n° 35, Christian Hen et Jacques Léonard.

LA COLLECTION "REPÈRES"
(suite)

L'Europe monétaire, n° 92, Jean-Pierre Patat.
La faim dans le monde, n° 100, Sophie Bessis.
La formation professionnelle continue, n° 28, Claude Dubar.
La guerre des étoiles, n° 40, Carlos de Sá Rêgo et Fabrizio Tonello.
Histoire de l'Algérie coloniale, 1830-1954, n° 102, Benjamin Stora.
Histoire de la guerre d'Algérie, 1954-1962, n° 115, Benjamin Stora.
L'histoire des États-Unis depuis 1945, n° 104, Jacques Portes.
L'histoire en France, n° 84, ouvrage collectif.
Histoire de la philosophie, n° 95, Christian Ruby.
Histoire de la sociologie, t. I et t. II, n°s 109 et 110, Charles-Henri Cuin et François Gresle.
L'immigration, n° 8, Ezzedine Mestiri.
L'indice des prix, n° 9, Jean-Paul Piriou.
L'industrie automobile, n° 11, Géraldine de Bonnafos et *alii*.
L'industrie française, n° 85, Michel Husson et Norbert Holcblat.
Inflation et désinflation, n° 48, Pierre Bezbakh.
Informatique et libertés, n° 51, Henri Delahaie et Félix Paoletti.
L'islam, n° 82, Anne-Marie Delcambre.
Introduction à l'économie de Marx, n° 114, Pierre Salama et Tran Hai Hac.
Introduction à la microéconomie, n° 106, Gilles Rotillon.
Les jeunes, n° 27, Olivier Galland.
La justice en France, n° 116, Dominique Vernier.
Les médecins, n° 59, Michel Arliaud.
Les menaces globales sur l'environnement, n° 91, Sylvie Faucheux et Jean-François Noël.
La mobilité sociale, n° 99, Dominique Merllié et Jean Prévot.
Le monde du soja, n° 5, Jean-Pierre Bertrand.
La monétique, n° 55, Nezih Dinçbudak et Ugur Müldür.
La monnaie et ses mécanismes, n° 70, Monique Béziade.
Les multinationales, n° 54, Wladimir Andreff.
Nouvelle histoire économique de la France contemporaine :
2. *L'industrialisation (1830-1914)*, n° 78, Patrick Verley.
4. *L'économie ouverte (1948-1990)*, n° 79, André Gueslin.
Les nouveaux produits financiers, n° 60, Jacques Régniez.
Les nouvelles politiques sociales du patronat, n° 30, Pierre Morville.
Les nouvelles théories du marché du travail, n° 107, Anne Perrot.
Le patrimoine des Français, n° 81, André Babeau.
Le pétrole, n° 46, Agnès Chevallier.
Les policiers, n° 13, Pierre Demonque.
La population française, n° 75, Jacques Vallin.
La population mondiale, n° 45, Jacques Vallin.
La presse en France, n° 63, Yves Guillauma.
La protection sociale, n° 72, Numa Murard.

LA COLLECTION "REPÈRES"
(suite)

La publicité, n° 83, Armand Mattelart.
Recherche et innovation en France, n° 115, Miche Callun.
Les relations Nord-Sud, n° 101, Christian Comeliau.
Les retraites, n° 47, Edgard Andréani.
Le revenu minimum garanti, n° 98, Chantal Euzéby.
Les revenus en France, n° 69, Yves Chassard et Pierre Concialdi.
La robotique, n° 12, Benjamin Coriat.
La santé et le travail, n° 17, Denis Duclos.
La science économique en France, n° 74, ouvrage collectif.
La sociologie en France, n° 64, ouvrage collectif.
Les sondages d'opinion, n° 38, Hélène Meynaud et Denis Duclos.
Le syndicalisme face à la crise, n° 50, René Mouriaux.
Le système monétaire international, n° 97, Michel Lelart.
Les taux de change, n° 103, Dominique Plihon.
Les télécommunications, n° 42, Bruno Aurelle.
La télévision, n° 49, Alain Le Diberder et Nathalie Coste-Cerdan.
Les théories des crises économiques, n° 56, Bernard Rosier.
Les théories économiques du développement, n° 108, Elsa Assidon.
Le tiers monde, n° 53, Henri Rouillé d'Orfeuil.
Les transferts de technologie, n° 7, Jacques Perrin.
Travail et travailleurs au Chili, n° 26, Cécilia Casassus Montero.
Travail et travailleurs aux États-Unis, n° 16, Marianne Debouzy.
Travail et travailleurs en Grande-Bretagne, n° 32, François Eyraud.
Travail et travailleurs en URSS, n° 15, Jacques Sapir.
Les travailleurs sociaux, n° 23, Jacques Ion et Jean-Paul Tricart.
L'urbanisme, n° 96, Jean-François Tribillon.

La collection Repères *est animée par Jean-Paul Piriou, avec la collaboration de Bernard Colasse, Hervé Hamon, Dominique Merllié et Christophe Prochasson.*

Composition Facompo, Lisieux (Calvados)
Achevé d'imprimer en janvier 1993
sur les presses de l'imprimerie Carlo Descamps,
Condé-sur-l'Escaut (Nord)
Dépôt légal : janvier 1993
Numéro d'imprimeur : 7794
Premier tirage : 7000 exemplaires
ISBN 2-7071-2206-8